GUIDO SCHLAICH

Weshalb mich
WENIGER BESITZ
glücklich macht

nymphenburger

INHALT

KAPITEL 3: WOHIN?

BRAUCHE ICH...

... BRAUCHE ICH NICHT!

KAPITEL 1: WARUM?

DIE COUCH WIRD GELIEFERT

»ACH, SIE SIND GERADE ERST EINGEZOGEN?«
»NEIN, NEIN, ICH WOHNE HIER SEIT NEUN JAHREN,
ICH BIN MINIMALIST!«

Die beiden Spediteure klingelten im Mai dieses Jahres und schleppten mir, wie bestellt, eine Zweisitzercouch die drei Stockwerke durch das enge Treppenhaus hoch ins Dachgeschoss. Ich fügte gleich im Anschluss die Bauteile zusammen und überspannte alles mit dem ebenfalls gelieferten knallbunten Bezug. Ein peppiger Farbklecks in der nahezu leeren Wohnung.

Nun wirst du dich fragen, warum der Typ ein Buch über Minimalismus ausgerechnet mit der Lieferung eines für seine Verhältnisse sperrigen Möbels beginnt? Ich will es verraten: Für mich bedeutet diese Anschaffung einen Schlusspunkt oder besser einen Wendepunkt. Seit geraumer Zeit ist dies das erste größere Objekt, das in meine Wohnung kommt, statt dass es diese verlässt.

Sieben Jahre zuvor habe ich mein damaliges Sofa, einen schicken Dreisitzer mit weißem Lederbezug, an einen Gebrauchtmöbelhändler im Nachbarviertel verschachert. Unter anderem auch deswegen, weil meine Jeans die weißen Ziernähte im Leder blau einfärbte. So fiel der Entschluss, mich entweder von der Hose oder dem Sofa zu trennen, auf Letzteres. Und da ich gerade dabei war, gingen auch noch der passende Couchtisch zum Händler und die darüber hängende riesige Designerleuchte zu Ebay. In den Jahren später folgten noch Fernseher mit Unterschrank, Bürosideboards inklusive technischem Gerät und zuletzt die Kleiderkommode.

Ich lebte von da an ohne Couch. Wenn ich alleine war, saß ich ohnehin immer im Bürodrehsessel, der auch als Fernsehsessel diente. Er hatte eine Doppelfunktion. Genauso verhielt es sich mit dem Schreibtisch, der auch Esstisch war. Und ebenso mit dem Futon, der zu einer Art japanischer Boden-Couch werden konnte. Bei Besuch klappte ich nämlich die Schlafmatte ein Stück weit zusammen und lehnte das übrige Stück derart an den Heizkörper, dass eine Rückenlehne entstand. Eine wertvolle Erkenntnis für die Reduktion besteht darin, dass ein Gegenstand viel mehr Funktionen erfüllen kann, als die, die ihm ursprünglich zugedacht waren. Ich komme später darauf zurück.

In den letzten Jahren kam ich mit meiner Reduktion schließlich auf die Zielgerade. Ich wollte nun den Punkt erreichen, an dem ich wirklich nur noch Objekte besaß, die ich signifikant mehrfach im Jahr benutzte. Dabei trennte ich nicht zwischen privat und beruflich, da ich als freier Designer und Illustrator im Homeoffice arbeite, sofern ich nicht beim Kunden vor Ort bin.

Bevor es jetzt in Richtung der leidigen Diskussion geht, ab wie vielen Objekten man denn zahlenmäßig Minimalist sei, ein paar Worte hierzu. Es gibt Personen, die die magischen 100 Objekte unterbieten. Das ist bewundernswert! Meist handelt es sich hier um (digitale) Nomaden, die keinen festen Wohnsitz mehr haben und ihr gesamtes Hab und Gut täglich mit sich rumschleppen. Dies ist ein gewichtiger Anreiz, die Masse im Auge zu behalten. Hier sind wir jedoch in einem Grenzbereich. Am äußersten Ende der Skala findest du auf der anderen Seite die Messies. Für die meisten ist es vermutlich am sinnvollsten, irgendwo zwischen den beiden Extremen zu operieren.

Des Weiteren müssen wir definieren, wie denn die Objekte gezählt werden sollen. Gilt ein Kästchen mit zehn Stecknadeln als ein Objekt oder als elf Objekte? Zählen die zehn Toilettenpapierrollen oder andere Hygieneartikel mit? Klopapier wurde schließlich in der Hochzeit von Corona kurioserweise zum Sammelobjekt. Oder für den Heimwerker: Geh mal in den Keller und addiere den Inhalt deines Schraubensortiments zusammen, da bist du schnell über Hundert. Bei den Damen vermute ich Ähnliches, wenn es um die Schminkutensilien oder gelegentlich auch die Schuhsammlung geht … Je nach Definition kommen wir da auf erheblich voneinander abweichende Werte bei gleichem Bestand. Deswegen schlage ich vor, den ganzen Zahlenkram erst einmal zu vergessen.

Viel wertvoller ist es, mit verfügbarem Schrankraum zu operieren – so die Erfahrung aus meinem Langzeitexperiment. Das heißt, ich entschied zuerst, welche Möbel in der Wohnung bleiben sollten. Dann behielt ich maximal die Dinge, die in diesen Volumina Platz fanden. Heute wohne ich im Übrigen in drei Zimmern mit etwa 80 qm Nutzfläche, jedoch mit sehr flachem Satteldach und niedrigem Kniestock. Eine nicht unerhebliche Fläche ist also gar nicht oder nur per Maßanfertigung möblierbar. Ein Grund, weshalb ich den Zuschlag für die Mietwohnung erhielt – was in München einem Lottogewinn gleicht –, war, dass fast alle Mitbewerber absprangen. Sie konnten ihre Schrankwand nebst Kleiderschrank nicht stellen. Dies nur als Vorgeschmack, warum Reduktion ungeahnte Vorteile mit sich bringen kann.

Bei der Reduktion meiner Dinge entschied ich mich also, folgende Objekte zu behalten: Schreibtisch mit Computer, Telefon, Handy, Drehstuhl, Laserdrucker, Rollcontainer, einen zusammenklappbaren Besucherstuhl, Saugroboter, Waschmaschine, Wäscheständer, Futon, Deckbett und zwei kleine Kissen sowie eine einzeilige Einbauküche aus sechs Unterschränken mit zwei Schubladen. Bad und Schlafzimmer erhielten keinen eigenen Schrankraum, alle Objekte inklusive Kleidung fanden in der Küchenzeile Platz: In das Element eins und zwei kamen die Kleider und Taschen, Element drei wurde der Ort für Mülltrennung und Putzmittel, ins Element vier räumte ich Bad- und Hygieneartikel, ins Element fünf Papier und grafische Sachen – als Illustrator benötige ich viele farbige Marker sowie zugehörige Nachfülltinten und Papier. Element sechs beinhaltet Geschirr, die beiden Schubladen Besteck, technisches Kleingerät und Kabel. Dann folgt der Kühlschrank.

Im Container unter dem Schreibtisch befinden sich das täglich gebrauchte Büromaterial sowie eine Hängeregistratur mit allen laufenden Projekten und privaten, beruflichen und steuerlichen Unterlagen, die im Original aufbewahrt werden müssen, sprich, die nicht digitalisiert werden können. Zehn Objekte inklusive Fahrrad gibt es im Keller, zurzeit noch einen Toyota IQ auf der Straße. Bei der Mobilität suche ich noch eine vernünftige Alternative. That's it!

Doch warum kam nun der Wendepunkt, warum ließ ich mir die bunte Couch liefern? Ich erreichte schließlich im letzten Jahr den lange Zeit anvisierten Zielzustand. Dies wurde mir deutlich, als ich nochmals eine finale Umzugskiste täglich mit je einem Gegenstand befüllen wollte, um mich von weiteren 365 Dingen zu lösen ... aber nach vier Monaten brach ich ab. Es gab bei Weitem nicht mehr so viele Objekte, und auch keine mehr, auf die ich hätte verzichten wollen, ja sogar können. Weniger wäre leer. Je nach Zählweise bewege ich mich heute recht nahe an der 100-Dinge-Marke.

Und nun? Der ein oder andere Gast fühlte sich doch nicht so ganz wohl auf meiner improvisierten Bodencouch. Die Anschaffung eines neuen, bequemen Sofas ist vorwiegend dem Besuch geschuldet, obwohl ich gar nicht übermäßig viel Besuch habe. Hier habe ich meine Sichtweise geändert, die soziale Interaktion ist viel wichtiger als den Besitz betreffende Dogmen. Für mich ist das Sofa außerdem zum sichtbaren farbigen Hinweis geworden, mein Ziel erreicht zu haben und mit dem Buch zu beginnen.

DIE GRETCHENFRAGE

WIRF WEG, UM ZU BESITZEN.
(FRIEDRICH HEBBEL)

Ganz egal, ob du nun deinen Hausrat ein wenig reduzieren, mal richtig ausmisten oder ambitioniert an der magischen 100-Dinge-Grenze kratzen möchtest – es gibt eine ewige Konstante in diesem Spiel. Es ist die immer gleich lautende Frage, die uns so oft hindert, die Pläne erfolgreich in die Tat umzusetzen: »Werde ich dies noch mal brauchen?«

Bei manch einem ist es sogar schon gar keine Frage mehr, sondern die antizipierende Gewissheit, dass er das später ganz bestimmt noch einmal brauchen wird. Er wird dann auch recht kreativ, welche – reichlich konstruierte – Lebenssituation irgendwann einträfe, um das Aufbewahren eines x-beliebigen Gegenstandes zu rechtfertigen. Diese Manifestation lässt so oft, allem guten Willen zum Trotz, ein Reduktionsprojekt schon am Anfang scheitern. Deswegen lohnt es sich, einen Blick auf diese Frage und eventuell auch Überzeugung zu werfen.

Mein Nachbar, ich schätze ihn auf circa 70 Jahre, hortet in seinem vollgestopften Kellerabteil einen Fitness-Hometrainer. Einer von denen aus den Siebzigern, die damals vor dem Studioboom als garantierte Schlankmacher angepriesen wurden. Meine Eltern hatten einen ähnlichen seinerzeit. Nun sei noch nebenbei erwähnt, dass der Nachbar nach viel Bürokratiekram und nicht ohne Stolz einen eigenen Behindertenparkplatz direkt vor der Haustür auf der öffentlichen Straße durchsetzten konnte. Er hat starke Probleme mit den Knien, Schwierigkeiten beim Gehen, vor allem beim Treppensteigen. Ich vermute, Radfahren wird für ihn nicht mehr drin sein. Dennoch scheint er an seinem eingestaubten Fitnessgerät zu hängen. Er fragte mich, als ich einzog, ob er es in meinen Keller stellen könnte, was ich ablehnte. Eine alte Matratze vom anderen Nachbarn sollte da auch noch rein – wäre ja recht leer bei mir. Äh sorry … ich entsorge nicht meine Güter, um dann den Besitz der Nachbarn zu lagern. Außerdem möchte ich den Raum für die Fahrradpflege und -reparatur nutzen. Der Hometrainer steht jetzt auf jeden Fall im öffentlichen Fahrradkeller, naja, im weitgehendsten Sinne ist es ja ein Fahrrad. Dafür räumte ich mein eigenes Rad bei mir ins Abteil, da ist ja noch Platz.

Warum lähmt uns nun diese Angst vor dem Loslassen, als hinge unser Fortbestehen davon ab? Unbedacht horten wir Güter ohne Sinn und Zweck in unseren Räumen und fügen völlig gedankenlos stets neue hinzu. Doch soll nur eines dieser Dinge den umgekehrten Weg gehen, schrillen die Alarmglocken. Eigentlich absurd. Bei mir ist es heute genau andersrum, das heißt, der Prozess ist änderbar. Was immer in meine Bude kommt, ist bereits gedanklich geprüft: Will ich das, brauche ich das wirklich?

Ich habe heute am Vormittag länger darüber nachgedacht, wie viele Gegenstände ich abgegeben habe, bei denen ich später bereut habe, dies getan zu haben. Tatsächlich hätte ich folgende Dinge noch mal gebraucht:

- Einen originalverpackten Ikea-Beistelltisch, den ich mir später noch einmal besorgte, weil ich kurzerhand eine Ablage neben der damaligen Couch haben wollte. Kosten: 10,– Euro.

- Ein Paar alte, durchgelaufene Adidas-Laufschuhe, denn die ergonomische Innensohle hätte wunderbar in die neu erworbenen Freizeitschuhe gepasst, bei denen der obere Schuhrand gegen meinen Knöchel drückte. Ich besorgte ein paar Foam-Einlegesohlen, die denselben Zweck erfüllten. Kosten: 10,– Euro. Trotzdem empfand ich diesen Prozess als recht ärgerlich, denn ich suchte in mehreren Geschäften, bis ich entsprechend dicke Einlagen fand. Natürlich nervt es, ein optimal passendes Objekt entsorgt zu haben. All dies ist jedoch auch bald vergessen, denn mein aktuelles Paar Laufschuhe erreicht irgendwann die Kilometergrenze und wird die Innensohlen freigeben.

- Ein hervorragendes Buch über die vier Phasen der Trennung nach Beendigung einer Beziehung. Solltest du gerade vor dem Scherbenhaufen deiner Beziehung stehen, empfehle ich: Doris Wolf, »Wenn der Partner geht«, PAL-Verlagsgesellschaft mbH. Nachdem viel, viel später eine Nachfolgebeziehung auch zu Ende ging, hab ich es noch mal erstanden, da ich den Inhalt einfach nicht mehr auf dem Schirm hatte. Ich hab ihn deswegen erneut durchgearbeitet. Kosten: 14,80 Euro.

An dieser Stelle ein kleiner Exkurs zum Thema Zahlen und deren relative Wirkung auf Menschen: Würde bei einem Test mit autonom fahrenden Autos ein kritischer Unfall passieren und dabei schlimmstenfalls ein Mensch tödlich verunglücken, kann man davon ausgehen, dass alle renommierten Medien bis hin zum letzten Käseblatt weltweit darüber berichten werden. Über jährlich 1,35 Millionen Verkehrstote weltweit im übrigen Verkehr – wie die Weltgesundheitsorganisation WHO 2018 bilanzierte – redet hingegen kaum noch einer. Für das Gedankenspiel bedeutet das: Es stehen 1 : 1 350 000 Tote. Wir betrachten zählbare, objektive Sachverhalte oft äußerst subjektiv. Der menschliche Geist lässt sich leicht täuschen und die Medien tun das Übrige, Selbiges zu forcieren.

Was die Dinge anbelangt, die ich weggegeben habe und dann doch gebraucht hätte: Sicherlich fallen mir im Verlauf des Buchschreibens noch ein paar weitere ein, aber viele werden es gewiss nicht werden. Leider hab ich zu Beginn des Downgradings meinen Besitz nicht katalogisiert, aber gehen wir mal davon aus, dass Menschen in Deutschland im Schnitt 10 000 Dinge besitzen, wie oftmals zu lesen ist. Wenn ich jetzt – analog des obigen Gedankenexperimentes – die Relation bilde, komme ich auf 3 : 9 997 (minus den Objekten, die noch besitze). Wie viel Zeit, Energie und Kosten habe ich gespart, weil ich mich um tausende Dinge nicht mehr kümmern musste und sie niemals vermisst habe! Da sind 34,80 Euro und etwas Mühe für die drei Fehlentscheidungen doch verschmerzbar, zumal ich durch die Gegenstände, die ich noch verkaufen konnte, ein beträchtliches Einkommen erzielt habe.

Ich hoffe, dir ein klein wenig Angst genommen zu haben. »Werde ich dies noch mal brauchen?«– diese Frage sollte dich nicht abhalten, denn die Gewinne der Reduktion sind gewichtiger als mögliche Verluste. Und noch eine wichtige Hilfestellung: Überlege mal, wie schwierig und teuer es sein wird, den besagten Gegenstand im Fall des Falles erneut zu besorgen. Ist der Preis gering, fällt es leicht, ihn aufzugeben. Im Kern kann ich dich jedoch bestärken: Es wird wirklich selten vorkommen, dass dir ein entsorgtes Objekt tatsächlich einmal fehlen wird!

WIE ES BEGANN

WER VIELE SCHÄTZE ANHÄUFT, HAT VIEL ZU VERLIEREN.
(LAOTSE)

Es stellt sich jetzt natürlich auch die Frage, wie ich eigentlich zum Minimalismus gekommen bin. Wann habe ich begonnen, die Dinge, die ich besitze, zu reduzieren? Ich betrachte rückblickend einen Zeitraum von etwa 30 Jahren und teile diese Spanne in drei Phasen: Erstens das bewusste Erleben von Besitz, zweitens das Ansammeln von Dingen über einen langen Zeitraum, drittens der Plan, diese wieder loszuwerden und dessen Umsetzung.

Im Folgenden skizziere ich diese drei Phasen. Dabei beginne ich bei mir als Teen von circa 14 Jahren. Damals bekam ich ein eigenes Zimmer nebst neuem Interieur. Es handelte sich um ein sogenanntes »Jugendzimmer« mit Möbeln, die ich mir selbst aussuchen durfte. Zuvor hatte mein älterer Bruder sein Mobiliar erhalten. Es wurde damals per Los entschieden, wer welches Zimmer beziehen sollte, und ich hatte Glück, den größeren Raum mit mehr Gestaltungsfreiheit zu bekommen.

Ich war damals ein gnadenloser Sammler. Zum Beispiel als Bastler – der gemeine Heimwerker kennt das. In dieser Zeit fing ich an, Schrauben und Metallteile, Werkstoffe und zugehöriges Werkzeug zu horten. Diese gewichtsmäßig schweren Teile schleppte ich später noch recht lange durch mein Leben, denn bis heute folgten acht Umzüge.

Irgendwann in meinem Jugendzimmer begann ich, bewusst darüber nachzudenken, dass der Mensch Dinge besitzt und verwaltet und dass dieses Verhalten wohl erstrebenswert sei. Ich war weit davon entfernt, Besitz auch als etwas potenziell Negatives zu betrachten, jedoch entwickelte ich eine unglaubliche Ordnungswut. Genau betrachtet war es das erste Aufbäumen mit der nicht bewussten Erkenntnis, dass der Besitz auch irgendwie belasten kann – Ordnen ist eine Vorstufe zum Reduzieren, wenn du so willst.

Als Kind war mir das alles recht wurscht, wir wurden mit Spielsachen überhäuft und die Lagerung war chaotisch. Als Jugendlicher wollte ich allerdings wissen, wo ich was finde, und fing an, erwähnten Metallkram nach Art, Größe und Durchmesser in entsprechende Kästen zu sortieren. Gleiches galt für Stifte, Pinsel, Farben, Klamotten, Schallplatten, Schulsachen, Bücher … in der Tat alles, was sich sortieren ließ, wurde sortiert – oft zum Spott meines Bruders.

Ich mochte es, dass jedes Objekt seinen Platz hat, und das gilt bis heute. So habe ich das erhabene Gefühl, »Herr der Dinge« zu sein, um es mit Tolkien zu sagen. Auf den simplen Gedanken, das Ganze erst mal zu reduzieren und dann effizienter zu sortieren, bin ich damals nicht gekommen. Noch mal zum Mitschreiben: Es erspart eine Menge Zeit, erst zu reduzieren, dann zu sortieren bzw. parallel beim Sortieren zu reduzieren.

In den Folgejahren arrangierte ich mehrfach meine Möbel neu, um die optimale Konstellation zu finden. Da standen auch mal die Schränke experimentell mittig durch den Raum, was eine aufwändige Verkleidung aller Rückseiten bedeutete. Da dies jedoch letztendlich nicht das gewünschte Ergebnis brachte, reifte – zum Leidwesen meiner Mutter – der Entschluss, dass das dreitürige, 60 cm tiefe Kleidermonster raus musste … Bäng! Hier gab es den Urknall, dass weniger auch mehr sein kann.

Es folgten noch weitere Umbauten und mit der Zeit flogen immer mehr Möbelstücke aus dem Zimmer. Schließlich hatte ich nur noch eine Matratze am Boden, einen Schreibtisch aus Glas auf zwei filigranen Metallböcken sowie drei niedrige Regale mit jeweils zwei Glasböden auf Wandhaltern. Die Klamotten lagerten wie in einer Boutique auf diesen Glasstreifen und waren stets penibel gefaltet. Um dies noch zu toppen, ersetzte ich alle farbigen T-Shirts durch weiße. Die Hängeware fand Platz an einer offenen Garderobe.

An weißen Metallgittern rankte sich in einer Raumecke Efeu empor und unter diesem Blätterbaldachin stand ein Bistrotischchen mit zwei passenden Stühlen. Auf einem saß eine lebensgroße Schaufensterfigur, die ich während eines Praktikums bei einem Schauwerbegestalter erstanden hatte. Mein ganzer Stolz war damals eine für meine Verhältnisse ungemein teure Stereoanlage –

mit noch teureren Lautsprecherboxen auf Ständern mit Marmorfußplatte. Diese Ständer hatte ich zusammen mit einem Freund, der in die gleichen Boxen investiert hatte, selbst konstruiert. Dazu kam eine stets wachsende CD-Sammlung. Alle Vinylplatten hatte ich zuvor verkauft.

Die Beleuchtung erfolgte mittels damals recht moderner Halogenlämpchen, die an orthogonal durch das Zimmer gespannten Drahtseilen hingen. Nur ein Bild, welches aus einer monochromen, roten Fläche bestand, verblieb noch in einem schwarzen Rahmen im Zimmer. Kein einziges Möbel vom Jugendzimmer hatte überlebt. Nein, meine Eltern hatten es auch nicht leicht. Doch die Raumgestaltung war hiermit ausgereizt, das Abi bestanden – ich zog nach einem weiteren Praktikum in einer Schreinerei nach Mainz, um Innenarchitektur zu studieren.

Jetzt folgt noch eine Geschichte, die mir gerade wieder einfällt: Ich bin bereits bei der Überarbeitung des lektorierten Skripts und meine Lektorin merkte hier an, dass »orthogonal gespannte Drahtseile« ein wenig anspruchsvoll klänge. In der Tat war es damals üblich, lediglich zwei Seile diagonal durchs Zimmer zu spannen, die Leuchten einzuklipsen, an einem Ende der Drähte den Trafo zu installieren und per Stromkabel mit einer Steckdose zu verbinden.

Meine Situation stelle sich seinerzeit doch etwas anders dar: Ich spannte unter der Decke erst mal zwei Seile für die Dreifach-Beleuchtung parallel über den frei im Raum stehenden Schreibtisch. Lotrecht dazu und kaum einen Zentimeter höher kamen zwei weitere Drähte, die die Beleuchtung des Bistrotisches aufnahmen. Ich verbaute einen Schalter direkt im Trafo und stellte diesen auf den Schreibtisch. Zwei vertikale Seile vom Boden zur Decke brachten dann den Niederstrom vom Trafo in die oberen Drähte. Für diese senkrechten Drahtseile bohrte ich zwei Löcher durch den Teppichboden in den Estrich, dabei verfing sich jedoch eine Textilfaser im Bohrer und riss eine lange Laufmasche in den Teppichbelag. Nicht besser lief es bei den Bohrungen in die Hohldecke, denn diese war in dem Haus aus den Fünfzigern so marode, dass beim Verspannen die Kippdübel nicht hielten und einen tiefen Krater in der Decke hinterließen.

Gerettet habe ich die Situation, indem ich den zerstörten Teppichteil herausschnitt und durch eine knallrote Teppichfließe ersetzte – mitten im Raum und mit dem schon beschriebenen Bild korrespondierend. Die Haken für die Drähte in der Decke habe ich mit Armierung und Blitzzement fixiert und das Loch zugespachtelt. Und all das, bevor die Eltern zurückkamen, die Gott sei Dank den ganzen Tag unterwegs waren. (Ich denke, »anspruchsvoll« ist nicht zu hochgegriffen.)

Die Zeit während des Studiums und der darauffolgenden ersten Arbeitsstelle in München machten die zweite Phase aus – hier fand das Ansammeln von Dingen über einen langen Zeitraum statt. In der Teeniezeit war es ja möglich, notwendige Gegenstände wie Geschirr und Haushaltsgeräte der Eltern zu benutzen. In der ersten eigenen Wohnung mussten solche Objekte erst mal neu beschafft werden. Zumindest teilweise, denn ich lebte anfangs noch in einer

Dreier-WG. Ab jetzt stieg die Gesamtsumme der Gegenstände, die ich besaß, kontinuierlich an.

Besonders wuchsen die Materialsammlungen nebst Werkzeugen. Im Studium hatte ich stets auch Modelle zu den Entwürfen zu bauen und so hatte ich massenhaft Profile, Stäbe, Platten und Montagematerial. Alles sortierte ich, wie in der Teeniezeit, in Kästen und Kartonhülsen. Gleiches galt für das Zeichenmaterial mit den unzähligen Stiften, Papieren und Mappen, die sich natürlich mit der Dauer des Studiums stets vermehrten. Dazu noch Umzugskisten mit Werkzeug, das ich vom Vater »mitgehen« ließ. Jener

hatte übrigens mit der Zeit alle fehlenden Geräte durch neue ersetzt, sodass wir nun alles doppelt hatten.

Neben diesem studiumsspezifischen Kram gab es noch einen Grundstock an Dingen, die mir lieb waren und die bis dato in jeder Wohnung in ähnlicher Weise drapiert wurden. Eine Auswahl an Büchern, die CD-Sammlung, einige Dekostücke wie die erwähnte Schaufensterfigur, die ich nun aufrecht stehend mit Papas schwarzem Hochzeitsanzug so anzog wie die Figur auf Pink Floyds Album »Wish You Were Here«. Fand ich schick!

Die Investition in die Glasmöbel aus der Teeniezeit war rückblickend gar nicht so verkehrt, denn diese begleiteten mich in die nächsten fünf Wohnungen. Gerade durch ihre Simplizität passten sie recht gut in alle Raumgeometrien. Und die Stereoanlage auf Glas schaute einfach immer edel aus. Irgendwann beschaffte ich mal zwei Metallspinde, da ich keinen Bock mehr hatte, die Klamotten immer ansehnlich zu falten. Auch das Konzept, dass alles offen ist, hinterfragte ich zunehmend.

Schließlich war das Studium gestemmt und der erste Job als Innenarchitekt in München begann. Nach bestandener Probezeit zog ich in eine passendere Wohnung in der Innenstadt um. Ich lebte nun seit einem halben Jahr in München und die zweite Wohnung war alsbald eingerichtet. An einem Abend mit einem Glas Martini Bianco on the Rocks an der Küchenbar sitzend, kam der radikalere Gedanke: Da ich nun einen ausgestatteten Arbeitsplatz im Job hatte und der Modellbau und andere Basteleien weitgehend entfielen, wurden viele Objekte, die ich bisher in meinem Leben hielt, unnötig. Ich baute deswegen auch keinen Schreibtisch mehr in der Wohnung auf. Wie wäre es also, mich weitgehend von dem ganzen Besitz, der mich nun bis hierher durch mein Leben begleitet hatte, zu verabschieden? Besitz belastet!

Ich las noch mal die alte Schullektüre »Der Papalagi« von Erich Scheurmann. Dies ist die (fiktive) Geschichte eines Südseehäuptlings, der Europa bereist und im Anschluss in bewusst kindlicher Sprache sämtliche Errungenschaften der Zivilisation ad absurdum führt. So mokiert er sich zum Beispiel darüber, dass die Weißen in lauten, vergifteten Städten in »Steintruhen« wohnen, diese mit haufenweise unnützen Dingen vollstopfen, Geld statt Gott anbeten und eine gesunde, natürliche Lebensweise höchstens noch auf dem Land vorkommt. Mit meiner späteren Ausstattung von Küche und Schlafzimmer folgte ich ein Stück weit dem Häuptling, der die Ausgestaltung einer samoanischen Hütte beschrieb. Das Buch erlangte Kultstatus in der grün-alternativen Bewegung und lustigerweise hielten nicht wenige die Geschichte für einen tatsächlichen Reisebericht.

Also, ich saß dann noch viele Male, müde vom Job, an dieser kleinen Bar, die zur Wohnung gehörte. Der Entschluss reifte, das erwähnte Ziel irgendwie anzugehen – ich wollte so weit wie möglich besitzlos werden. Ich ging es zuerst theoretisch durch. Ich wollte alle Gegenstände erst mal gründlich durchleuchten, ob ich sie denn noch benötigte.

Allerdings muss erwähnt werden, dass sich über die Zeit viele persönliche Dinge angesammelt hatten, wie die Architekturmodelle und Zeichnungen aus dem Studium, Gedichtealben meiner damaligen Freundin, (noch nicht digitale) Fotos, Briefe, Karten, Geschenke, eine Zeichenmappe meines inzwischen verstorbenen Onkels, die neue, noch teurere Musikanlage und inzwischen Hunderte Musik-CDs. Auch Bücher gab es bei mir zahlreiche. So war ich seit der Schule ein großer Edgar-Allan-Poe-Fan und wünschte mir eines Tages die gesammelten Werke in zehn Bänden in einem Kartonschuber. Dieser stand auf dem oberen Glastablar neben dem farbigen Duden, auch in zehn Bänden. Daneben lag ein großformatiger Bildband von Degas, das war der Kunstpreis meiner Schule gewesen, mit einer Widmung vom Kunstlehrer. Auf diese Auszeichnung war ich immer sehr stolz. Auch ein Lexikon in 20 Bänden war in meinem Besitz, es stammte von den Eltern, die sich ein neues zugelegt hatten. Kurz gesagt, ich hatte viele Sachen, die man nicht einfach so wegschmeißen kann. Wohin damit? Mir war klar, dass es ein langer und schwieriger Weg werden würde.

Genau hier begann Phase drei: Ich beschloss, mich von Poe zu trennen, ich hatte nahezu alle Geschichten und Gedichte gelesen und die Begeisterung war nicht mehr so bedingungslos, wie sie es im Teeniealter gewesen ist. Der Poe-Schuber war das erste Objekt, an dem ich emotional hing und bei dem ich dennoch beschloss, mich von ihm zu trennen. Es war der Aufbruch zu einer langen und ungewissen Reise der Reduktion. Allabendlich nach der Arbeit durchforstete ich nun Teilmengen meines Besitzes. Mal war es Geschirr, mal Gläser, mal Klamotten, mal Bücher, mal Werkzeug – und ich sortierte Dinge aus.

Ich füllte die allererste Umzugskiste und entsorgte den Inhalt, als sie voll war. Ich füllte sie erneut, entsorgte, füllte, entsorgte, füllte … Als ich den kompletten Bestand durchgesehen hatte, begann ich wieder von vorne. Diesen Punkt werde ich in diesem Buch mehrfach erwähnen: Du kannst aus eigener Kraft deinen Besitz nicht auf einen Schlag loswerden. Reduktion ist ein kontinuierlicher Prozess, der dauert.

In diesen Zeitabschnitt fällt auch die Verabschiedung von meinen Architekturmodellen. Ab dem Hauptstudium galt es, pro Semester jeweils einen Entwurf inklusive Modell abzuliefern und schließlich noch einen als Diplomarbeit. Sieben sogenannte Stegreifentwürfe kamen des Weiteren hinzu, vom Umfang kleiner. Ich habe alle Modelle sukzessive an der Isar verbrannt, sofern sie brennbar waren – ganz zum Schluss die Diplomarbeit. Es ging bei dieser um den Umbau eines alten Fachwerkhauses in ein kleines Theater mit Restaurant und zwei Wohnungen – im Modell war jeder einzelne Balken in Holz nachgebildet. Nun ging alles in Flammen auf.

Zweieinhalb Jahre später folgte dann der Entschluss, meine Arbeitsstelle aufzugeben. Sie bereitete mir unterm Strich wirklich keine Freude mehr. Denn wenn ein Innenarchitekt leere Räume propagiert, ist das irgendwie geschäftsschädigend. Hauptsächlich passten mir jedoch die Betriebsführung und die unflexiblen Arbeitszeiten nicht mehr. So beschloss ich, als selbstständiger (Architektur-)Illustrator weiterzumachen – das Zeichnen war schon immer meine Leidenschaft.

Dies bedeutete allerdings zunächst die nicht unerhebliche Anschaffung von Gegenständen, etwa einem weiteren Bürocontainer, Kopierer, Schneidemaschine, Computer, Fax, Grafikmaterial und einem Auto für Kundentermine. Ich erstand einen Smart-Vorführwagen der allerersten Baureihe – wenn schon ein Auto, dann ein citytaugliches Micro-Compact-Car, das in jede Parklücke passt. Ich nahm die geschäftlichen Anschaffungen also in Kauf und fokussierte mich bei der Reduktion auf die nicht beruflich genutzten Gegenstände. Zu guter Letzt zog es einen weiteren Umzug nach sich, da ich ab sofort ein zusätzliches Arbeitszimmer benötigte. Erfreulich war, dass ich bei diesem Umzug schon weniger Material bewegen musste als beim vorhergehenden. Die Reduktion trug die ersten Früchte, ab hier wurden die Umzüge immer leichter.

In den nächsten drei Jahren erfolgte der große Durchbruch des Internets. Ich hatte jetzt den modernsten Mac mit Scanner und Drucker und die komplette Arbeitsweise änderte sich. Desktop-Publishing (DTP) revolutionierte die Arbeitsweise der Grafikdesigner, meine Arbeit bestand mittlerweile zur Hälfte aus grafischen Jobs. Der Besitzreduktion gab dies einen Schub, denn Dinge wie Duden und Lexika, überhaupt Bücher, wurden mehr und mehr obsolet. Auch das Vorhalten von Vorlagen zum Abzeichnen in großen Archiven ersetzte ich sukzessive durch digitales Material. In dieser Zeit trennte ich das Vorsatzpapier mit der Widmung aus dem Degas, behielt nur dieses und verschenkte den Bildband. Nochmals später scannte und verbrannte ich die Widmung.

Nach etwa drei Jahren in einer schönen Dachgeschosswohnung folgte erneut ein Umzug. In dieser vorletzten Wohnung blieb ich fast zehn Jahre. In dieser Dekade begann dann die radikalere Phase des Minimalismus, in der ich gegen Ende vom »normalen« Maß des Durchschnittsbesitzers deutlich abwich. Ich erwähnte eingangs, dass es gar nicht so einfach ist, eine allgemeingültige Definition zu formulieren, ab wann man denn als Minimalist gilt. Und, wie gesagt, es spielt auch keine Rolle. Für mich begann hier der Versuch, an meine persönliche Grenze zu kommen. Ich verkaufte Musikanlage, Polstermöbel, technisches Equipment, Haushalts- und Küchengeräte, Werkzeug, digitalisierte alle Tonträger, Fotos, Briefe und Dokumente. Auch die voluminösen Büroanschaffungen aus der Anfangszeit, wie Schneidemaschine, Kopierer und Container, veräußerte ich nun, da die Arbeit zunehmend digital wurde. Den Hauptteil meines Eigentums hatte ich am Ende dieser Dekade abgegeben.

Schlussendlich folgte der Zielsprint in der aktuellen Wohnung. Eingangs hab ich ihn beschrieben – er dauerte bis zu dem Tag, an dem die bunte Couch kam. Hier schließt sich der Kreis.

FÜR WEN SCHREIBE ICH?

IN NEUNUNDNEUNZIG FÄLLEN VON HUNDERT
LOHNT ES SICH NICHT, EIN DING AUFZUBEWAHREN.
ES NIMMT NUR RAUM FORT, BELASTET DICH;
HAST DU SCHON GEMERKT,
DASS DU NICHT DIE SACHEN BESITZT, SONDERN
DASS SIE DICH BESITZEN?
(KURT TUCHOLSKY)

Eine Freundin von mir tingelt seit einigen Jahren durch London und lebt notgedrungen aus dem Koffer. Ich postete ihr ein Bild meines bunten Sofas, was sie mit »I love that couch!« kommentierte. Ob ich sie mit diesem Buch adressiere, werde ich erst herausfinden, wenn sie sesshaft geworden ist … Nun weiß ich nicht, wie du zu diesem Buch gekommen bist, jedoch scheint dich das Thema zu interessieren. Vielleicht hast du mal etwas von Minimalismus gehört, vielleicht spürst du – wie Tucholsky es beschreibt – auch einen Leidensdruck unter deinen angehäuften Habseligkeiten und willst die Dinge im wahrsten Wortsinne mal anpacken. Weniger haben – mehr Seligkeit. So kurz und einfach lässt es sich sagen.

Ich möchte zuvor eine gegenteilige Geschichte erzählen. 2004 lernte ich eine Frau kennen, genau genommen war es die Freundin meiner Freundin. Sie wohnte zu der Zeit in einem Studentenapartment und hatte einen recht chaotischen Lebensstil. Sie hortete auf den wenigen Quadratmetern ihres Wohnheimzimmers Unmengen an Dingen. Die Objekte waren chaotisch in verschiedenen Kartons gelagert, sodass sie immer eine ganze Weile suchen musste, um den gewünschten Gegenstand zu finden. Meist entdeckte sie dabei etwas anderes und vergaß das ursprüngliche Anliegen.

Sie hatte irgendwoher so ein Freundschaftsalbum geschenkt bekommen, in das sich all ihre Bekannten inklusive mir eintrugen und verschiedene, vorformulierte Fragen beantworteten. Eine davon lautete, wie man sie mit drei Adjektiven beschriebe. Nachdem das Buch voll war, kam sie einmal zu mir und meinte: »Seltsam, ausnahmslos alle haben mich als chaotisch beschrieben!« Ich bin bis heute darüber verblüfft, dass sie diese offensichtliche Eigenschaft an sich selbst nicht wahrnahm und somit auch keinen Leidensdruck spürte. Also alles super!

Die Ziele, die wir erreichen wollen, werden unterschiedlich sein, so wie wir Menschen eben unterschiedlich sind. Ein Messie wird dieses Buch gewiss nicht lesen, die gerade Beschriebene und eine weitere Freundin vom Sport, die einen Schuhschrank für allein hundert Paar Adidas-Laufschuhe hat, vermutlich auch nicht. Die besagte Freundin stellt ihre Sportschuhe nicht parallel, sondern jeweils den Linken um 180 Grad verdreht ins Regal – dadurch passen tatsächlich mehr Paare auf ein Bord. Ich bin ja immer dankbar, wenn ich dazulernen kann. Jeder hat andere Wohnungsgrößen, Familienbeziehungen, Lebenssituationen sowie natürlich unterschiedlich viel angesammeltes Material. Und er hat seine eigene Meinung dazu.

Ich wende mich jedoch an die Zielgruppe, denen es mit ihren Besitztümern nicht mehr so gut geht. Menschen, die plötzlich spüren, dass sie von den ganzen Dingen um sie herum regiert werden und nicht umgekehrt, dass irgendwas überhandnimmt … Besitz wird Ballast, wird Last.

Ich habe mich entschlossen, nicht einfach die Methodik zum Downgrading runterzuschreiben. Vielmehr erzähle ich diese eingebettet in meine Lebensgeschichte, das scheint mir authentischer. Ich beschreibe dir, mit welchen Maßnahmen ich welche Gegenstände losgeworden bin. Dieses Buch soll nicht reiner Ratgeber sein, es soll dich viel mehr inspirieren, deine eigenen Ziele zu definieren und Wege zu finden, diese zu erreichen. Einen universellen Weg für divergierende Zielsetzungen kann es ohnehin nicht geben.

Für mich war Minimalismus ein Experiment – ein extremes Experiment, da ich gegen Ende bewusst an die Grenze wollte. Für die Mehrheit, die sich mit dem Thema beschäftigt, denke ich, ist dies gar nicht gewünscht. Radikale Lösungen sind meist nicht erstrebenswert. Ich lebe zurzeit alleine und habe keine Kinder, das sind ideale Voraussetzungen, was den Minimalismus angeht. Mein Wunsch ist, mit diesem Werk jedoch auch anwendbares Wissen sowie die Methodik für gemäßigtere Formen des Minimalismus zu vermitteln.

DIE VORTEILE
DER REDUKTION

NUR BIS ZU EINEM GEWISSEN GRADE MACHT DER BESITZ
DEN MENSCH UNABHÄNGIGER, FREIER;
EINE STUFE WEITER – UND DER BESITZ WIRD ZUM HERRN,
DER BESITZER ZUM SKLAVEN.
(FRIEDRICH NIETZSCHE)

Hier geht es um die zentrale Fragestellung in diesem Büchlein: Weshalb sollte ich meinen Besitz überhaupt reduzieren? Ich habe diese Frage auf den Seiten davor schon flüchtig beantwortet: Es spart Zeit, Energie und Kosten. Der Punkt Kosten ist dabei übrigens nicht zu unterschätzen. Vor allem in den letzten Jahren treibt die Besitzflut doch seltsame Blüten. Eine Geschichte dazu, denn bei mir ums Eck wurde vor Kurzem eine Halle gebaut. Konkret ist es ein neues »MyPlace – SelfStorage«-Lagerhaus, ich glaube mittlerweile das siebte in München. Das Geschäftsmodell sieht vor, dass in diesem vierstöckigen Großlagerhaus, welches in unterschied-

lichste Parzellen aufgeteilt wird, jedermann Fläche anmieten kann, um persönliche Habe zwischenzulagern. Es ist beheizt, belüftet, bewacht – praktisch, quadratisch, gut und wird fast wie ein Hotel von einem Portier betreut. Du kannst jederzeit deinen Raum aufsuchen, um zu sehen, ob von deiner eingelagerten Habe noch alles vorhanden ist.

Mir ist schon klar, dass für kurzfristige Zwischenlagerungen bei Umzügen, Reisen, Auslandsaufenthalten oder Ähnlichem solche Lager durchaus sinnvoll sein können, vermute jedoch, dass es sich bei der Vielzahl an solchen Angeboten längst nicht mehr um reine Zwischenlager handelt.

Um es auf den Punkt zu bringen: Erst beschaffen wir uns für teures Geld Gegenstände, dann, nachdem sie offensichtlich zu Hause keinen Nutzen mehr stiften, mieten wir für weiteres Geld

Raum an, um diese Dinge zu lagern … Tage, Wochen, Monate, Endlagerung. Vielleicht eine Lösung für radioaktiven Abfall? Ich würde ja gerne mal überschlagen, nach wie viel Tagen durchschnittlich der Mietzins den Wert der eingelagerten Ware übersteigt – die Flächen sind nämlich recht teuer.

Und auch der Gesetzgeber lässt dich mit deinem Besitz nicht ganz in Ruhe: »Eigentum verpflichtet« steht in Artikel 14 (2) GG, das heißt, schon der Staat schreibt dir vor, dass du dich um deinen Besitz kümmern musst. Kümmern klingt nach Arbeit. Es gibt darüber hinaus eine Vielzahl an Benefits, die eine Reduktion des Besitzes mit sich bringt. Manche wirst du erst im Laufe des Prozesses entdecken, sozusagen auf den zweiten Blick. Ich möchte im Folgenden auf einige eingehen, die ich selbst erlebt habe.

Ich fange mit den offensichtlichen Vorteilen an. Falls du wie ich eine saubere Wohnung bevorzugst, aber putzen nicht deine Lieblingsbeschäftigung ist: Je weniger du besitzt, umso leichter sind die Räume in Ordnung zu halten. Einen Tisch, auf dem nichts steht, wischst du mit einem (feuchten) Putztuch ab – fertig. Ganz egal ob Schreib-, Küchen- oder Esstisch. Für Fortgeschrittene ist dies ohnehin derselbe Tisch, noch mal zwei Drittel der Arbeit gespart – klingt logisch. Dinge, die auf einem Schrank stehen, müssen öfter entstaubt werden als Dinge, die sich in den Möbeln befinden. Dinge, die du nicht mehr besitzt, müssen nicht mehr entstaubt werden, jedenfalls nicht von dir – noch logischer.

Dein Energieverbrauch wird signifikant sinken, je mehr du auf elektronisches Gerät verzichtest. Ich habe meine Stereoanlage und den Fernseher verkauft, Musikhören und Fernschauen funktioniert auch auf dem Mac. Auch die Mikrowelle veräußerte ich, einen Backofen schaffte ich mir nicht mehr an, mir genügt ein Cerankochfeld mit einer Herdplatte, denn ich habe nur einen Topf. Seit Corona hab ich Spaß am Kochen gefunden und experimentiere gerade mit den angesagten »One-Pot-Gerichten«. Im Büro musterte ich, wie erwähnt, Großkopierer, DIN-A3-Drucker und das steinzeitliche Fax aus. Der Trend geht ohnehin zum papierlosen Büro: Paperless Paper. Da meine Waschmaschine jüngst den Geist aufgab, besorgte ich ein Gerät der Energieeffizienz-Klasse A+++. Es verfügt über eine große Trommel und Kurzwaschgänge bei niederen Temperaturen – in aller Regel genügen diese für meine Kleidung. Von weißen Sachen habe ich mich verabschiedet, damit ich alles zusammen waschen kann. Im Kontext ein kleiner Fragenkatalog an dich: Wie viele Verbraucher stehen in deiner Wohnung, wie viele Standby-Geräte? Wie viele davon benutzt du? Gibt es welche, die du doppelt hast? Wie viele Leuchten benötigst du? Ich habe nur Deckenleuchten, damit nichts auf dem Boden steht, alle Leuchtmittel sind energiesparend.

Falls in absehbarer Zeit ein Umzug ansteht, wäre das die passende Gelegenheit, mit der Reduktion zu beginnen. Das kostet erst mal Zeit, spart selbige dann jedoch beim Einpacken, Transportieren, Auspacken und Wiedereinräumen. Falls du in den oberen Etagen eines Hauses wohnst und dieses noch nicht mit Lift nachgerüstet wurde, weißt du, wovon ich rede. Dazu kommen Kosten für Umzugskisten, Träger und Transporter. Ich selbst mag Dachgeschosse. Beim letzten Umzug zog ich dann eben vom Dachgeschoss des einen Altbaus ins Dachgeschoss eines anderen Altbaus im neuen Viertel. Ich war zu dieser Zeit jedoch schon so gut sortiert, dass ich den Umzug alleine bewerkstelligen konnte – drei bis vier Fahrten im Smart reichten aus. Lediglich für Couch, Tisch und Waschmaschine half mir ein Freund mit Tragkraft und größerem Auto. Danke Flo! Ein Umzug ist der sichtbarste Beweis für die Leichtigkeit des Seins ohne zu viel Meins.

Nun komme ich zum Punkt »Übersichtlichkeit«. Je weniger du hast, umso besser weißt du, was du hast und wo es sich befindet. Vielleicht ist es dir auch schon passiert, dass du Material besorgt hast, obwohl du eigentlich noch genügend davon besaßt. Im Ladengeschäft hattest du es nicht auf dem Schirm, oder zu Hause warst du dir zwar gewiss, es zu besitzen, wusstest allerdings nicht wo. Ich betrachte es als einen großen Gewinn, dir aus dem Kopf aufzählen zu können, was ich habe und wo es ist – das spart Zeit beim Suchen und vermeidet Fehlkäufe.

Dies gilt übrigens auch für digitalen Besitz, da ufert die Masse (an Daten) noch viel schneller aus und führt ins Chaos. Dies soll in diesem Buch jedoch kein Thema sein. Lediglich noch einen Satz hierzu: Wenn du deinen physischen Besitz im Zaum halten kannst, wird dir das digital genauso gelingen. Das ist so ein typischer »Hidden Benefit«. Leider gilt auch das Gegenteil.

Platz, Raum, Weite. Wenn ich jetzt umziehen würde, würde ich mir eine Wohnung mit weniger Quadratmetern nehmen. Leider ist in München die Wohnungssuche chronisch kritisch, insbesondere für kleine, schöne, jedoch bezahlbare Single-Wohnungen, sodass ich meine jetzige Bleibe nicht leichtfertig aufgeben werde. Dennoch finde ich sie momentan luxuriös groß. Am liebsten hätte ich ein Tinyhouse, aber das sind Wunschträume in der bayrischen Kapitale. Eine Wohnung aus zwei gestapelten Baucontainern oder so. Hatte auch schon den Plan, dauerhaft in einem Camper zu leben, den Gedanken hab ich jedoch verworfen. Will nur sagen: Wenn du erst mal aufs Wesentliche reduziert hast, bieten sich ungeheuerliche Einsparungen an. Wenn es finanziell eng werden würde, könnte ich zum Beispiel ein Zimmer an einen Studenten vermieten und ein WG-Dasein leben – mit halbierter Miete.

Schlussendlich führt ein Downgrading grundsätzlich zum Umdenken, was (Neu-)Anschaffungen angeht. Je mehr du damit kämpfst, dich von deiner Habe zu lösen, umso mehr wirst du sensibilisiert, was das Kaufen neuer Dinge anbelangt. Dies führt zwangsläufig zu Konsumverzicht, spart dir Geld und ist der allerbeste Beitrag zum Umweltschutz. »Reduce« wird immer über »Reuse und Recycle« siegen. Gerade in der zurzeit verdrängten Klimakrise ist dies ein unglaublich wichtiger Aspekt. Es ist so schade, dass Verzicht konnotativ negativ empfunden wird, denn das Gegenteil ist der Fall! Konsum befriedigt nie lange. Falls du von einem Lamborghini träumst, ist, sobald du ihn hast, der Traum vorbei. Dazu kommt noch, dass unendliches wirtschaftliches Wachstum gar nicht funktionieren kann. Jeder weiß das, doch nur die Wenigsten handeln danach.

Nun komme ich zu den metaphysischen Veränderungen, die ein Verzicht auf Besitz mit sich bringen kann. Ich gehe davon aus, dass hier die Meinungen weit auseinandergehen werden. Die bisherig gelisteten Vorteile sind recht objektiv und allgemeingültig, die folgenden eben nicht. Freiheit ist der Feind jeglichen Besitzes: Ich möchte es gar nicht groß kommentieren, aber wer die Abhängigkeit von Besitz, insbesondere Statussymbolen, erfolgreich kappt, wird an positivem Lebensgefühl gewinnen und Freiheit fühlen. Deine Hausratversicherung kannst du dann auch kündigen.

Ich will auch ein recht seltsames Phänomen beschreiben, welches ich persönlich erlebt habe. Nennen wir es eine pervertierte Konsumlust. Jeder kennt sicher das gute Gefühl, einen Gegenstand zu erwerben, auf den man lange hingearbeitet und gespart hat. Er wird in der Wohnung drapiert und du hast dann erst mal deine Freude daran – immer wenn du ihn siehst. Ich habe wirklich eben solche Glücksgefühle erlebt, nachdem ich Dinge (nach langer Überlegung) weggegeben habe. Sozusagen eine Freude am jetzt leeren Raum. Crazy! Die Krux ist, dass beide Gefühle nicht ewig halten werden, Flüchtigkeit ist allen Glücksgefühlen eigen. Dennoch empfinde ich heute den inversen Weg als befriedigender … und billiger by the way!

In meinem Schlafzimmer liegt nur noch ein Futon japanischer Art nebst Deckbett und Kissen, ansonsten ist das Zimmer komplett leer. Ich empfinde es als fast meditativ, in solch einem Ruheraum zu schlafen. Er ist auf das Nötigste reduziert, nach getaner Arbeit lege ich mich hier zur Ruhe. Da ist nichts, was mich nervt oder ablenkt. Die Leere hat etwas Beruhigendes. Gleiches gilt für den Morgen beim Aufwachen und einen erfrischenden Start in den Tag.

Als Teen war ich unglaublich gehemmt, Entscheidungen zu treffen. Ich traute es mich einfach nicht, aus lauter Angst, das Falsche zu tun. Bei kleinen Entscheidungen, aber eben auch bei größeren, wie zum Beispiel der Wahl des Studiengangs. Ich tat dies dann immer auf den allerletzten Drücker, weil die Fristen es schließlich unumgänglich machten. Falsch waren die Entscheidungen hin und wieder auch noch, was zu neuen Fragestellungen führte – nämlich ob und wie ich die Wahl revidieren könnte. Ich denke, durch die tausend Male, die ich mich im späteren Leben fragte, ob ich mich von einem Gegenstand lösen könnte, habe ich in dieser Hinsicht massiv dazugelernt. Heute bin ich Meister, innerhalb kürzester Zeit Entscheidungen zu fällen und zum Ergebnis zu stehen. In unwichtigen und in wichtigen Dingen. Und selten bereue ich die Wahl.

Noch ein kleiner Exkurs. Seit 1. Januar 2014 bin ich Vegetarier, hauptsächlich aus Protest gegen Massentierhaltung und Tötung von Tieren. Ein geliebter Aspekt daran ist jedoch, dass, wenn ich essen gehe, in der Speisekarte meist nur zwei oder drei vegetarische Gerichte angeboten werden. Davon sagt mir eines am meisten zu und ich bin bestellbereit, während die Kollegen noch in das Studium der Karte vertieft sind. Wahl kann auch Qual werden, und freiwilliger Verzicht Gewinn, wenn du die positiven Aspekte verinnerlichst.

Der tragendste Vorteil ist vermutlich der Zeitgewinn, weil dir Besitz Zeit stiehlt. Zeit ist unser kostbarstes Gut und recht gerecht verteilt. Ob arm oder reich, dumm oder g'scheit, jeder Mensch hat 24 Stunden am Tag zur Verfügung, sieben Tage die Woche. Das Leben ist endlich. Die Lebenslänge variiert natürlich, aber immerhin haben wir hierauf durch einen vernünftigen Lebensstil inklusive Ernährung und Sport einen beträchtlichen Einfluss. Ausnahmen bestätigen die Regel.

Ich sah mal im TV ein Interview, in dem verschiedene Leute befragt wurden, was für sie Luxus bedeutet. Ein Mann im edlen Armani-Anzug, schätzungsweise ein erfolgreicher Manager, antwortete, für ihn sei es Luxus, in einem klaren Bergsee zu schwimmen. Ich weiß bis heute nicht, was er mit dieser Antwort eigentlich sagen wollte. Mitleid erregen? Nach dieser Definition schwelge ich im Luxus. Wenn ich fix arbeite, könnte ich mir das mindestens wöchentlich gönnen – in Bayern gibt es viele schöne Bergseen recht nah an der Stadt gelegen. Im Subtext klingt die Aussage des Managers für mich danach, dass er vermutlich eine dicht gepackte Arbeitswoche hat. So dicht, dass er sich die Zeit für Freizeit nicht nehmen kann. Ich sage: Verzichte auf einen Auftrag, kaufe einen Maßanzug weniger und pack die Badehose ein!

Schlussendlich geht es hier ums Loslassen. Den materiellen Besitz loszulassen, ist dabei die einfachste Übung. Werde darin Meister, um eine Ebene höher zu gelangen. Der nächste Schritt wäre die finanzielle Ebene. Das ewige Nachjagen nach immer mehr Geld, nach immer mehr Einkommen, nach immer mehr Profit halte ich für genauso falsch wie die unsinnige Anhäufung von Dingen. Ich bin jedoch weit davon entfernt, diesen schwierigeren Prozess zum Thema Geldverzicht zu beherrschen. »Das beste Maß für Vermögen ist jenes, das weder in Armut stürzt noch sich weit davon entfernt« (Lucius Annaeus Seneca). Schließlich folgt noch eine weitere Ebene, die sich auf Menschen bezieht. Auch hier ist es ratsam, Beziehungen, Verbindungen, die nicht oder nicht mehr guttun, ohne Groll loszulassen und in funktionierende zu investieren … Aber das wäre Stoff für ein weiteres Buch.

KAPITEL 2: WIE?

DAS ZWISCHENDEPOT

*DAS SINNVOLLSTE, WAS DU MIT EINEM GEGENSTAND
TUN KANNST, IST, IHN AUFZUGEBEN.*

Vor vielen Jahren begann ich mit der nun vorgestellten Methode
meinen Plan umzusetzen, mich möglichst viel meiner Habe zu
entledigen. Das war ziemlich bald, nachdem ich an der kleinen Bar

sitzend den Entschluss dazu gefasst hatte. Was klassischer Weise nach einer solchen Entscheidung passiert, ist, dass du irgendwann anfängst, recht wahllos Zeugs in deiner Wohnung auszusortieren. Was machst du mit diesem Ausschuss? Richtig – du stellst ihn in den Keller, falls der nicht schon von deiner letzten Ausmistaktion voll ist. Also keine gute Idee.

Stelle dir besser eine leere Umzugskiste in die Wohnung bzw. – je nach Wohnsituation – direkt vor die Tür und lege die aussortierten Dinge dort hinein. Hört sich jetzt nicht nach einem weltbewegenden Unterschied an. Dennoch gibt es diesen. Mit der Kiste wird von Anfang an klargestellt, dass es sich nicht um ein Verlagern von Objekten aus dem Wohnraum in einen Abstellraum handelt, sondern dass es stattdessen darum geht, sich dieser Objekte zu entledigen. Da die Kiste nun andauernd in deinem Blickfeld steht, wiederholst du fast automatisch das Aussortieren – und zwar so lange, bis der Karton voll ist. Das kann sogar recht schnell gehen, wenn du mal angefangen hast.

Sinnvoll ist, für eine Sortiersession mit einer überschaubaren Menge zu arbeiten, also zum Beispiel einer Schublade, einem Regalfach oder einer kompletten Kommode, falls du genügend Zeit hast. Räume zunächst alle Objekte heraus und lege sie auf Tisch oder Boden. Säubere das Möbelstück. Schau zunächst Stück für Stück die Objekte durch und lege sie auf zwei Stapel: Auf den einen Stapel kommt das, was du behalten möchtest, auf den anderen, was du nicht behalten wirst. Pack den Ausschuss in die Kiste, stelle danach die guten Sachen wieder in das Möbel. Beim Anblick des nun sauberen Schrank(teils) erlebst du dann schon den ersten »Kick«. Dieser animiert dich weiterzumachen.

Für die aussortierten Dinge gilt: Du kannst noch eine beliebig lange Frist verstreichen lassen, um zu prüfen, ob du Inhalt aus dem Karton vermissen wirst. Das Depot gibt dir die Sicherheit, nichts Unüberlegtes zu tun. Nach zwei, drei Bierchen abends geht das Aussortieren nämlich oft recht flott von der Hand. Am Morgen danach kommst du dann ins Grübeln und überlegst, ob du vielleicht etwas leichtfertig warst. Aber es ist ja nichts weg, alles kann noch gerettet werden. Verschiebe jedoch den Tag X, an dem du die Entscheidung zum Weggeben endgültig fällst, nicht unnötig lang hinaus. Die gefüllte Kiste, die immer im Weg herumsteht, soll bewusst nerven. Und wenn sie es tut, ist der Moment gekommen, sich von den Objekten zu befreien. Über die Möglichkeiten, Dinge wegzugeben, folgt später ein drittes Kapitel.

Ich glaube, meine erste auf diese Art gefüllte Kiste blieb noch recht lange in der Wohnung stehen. Die zweite etwas kürzer, die dritte fand noch schneller den Weg aus dem Haus und so weiter. Am Schluss gab ich das Zeugs meist am nachfolgenden Wochenende weg. Je öfter du aussortierst, umso mehr beschleunigst du den Prozess. Ich habe es ja an anderer Stelle schon gesagt: Es kam bei Tausenden Objekten bis auf die geschilderten Ausnahmen nicht vor, dass ich Dinge aus den Zwischendepots jemals vermisst habe.

Eine Vorgehensvariante besteht darin, dass du jeden Tag einen Gegenstand in das Zwischendepot legst. Wenn du am 1. Januar beginnst, macht das an Silvester immerhin 365 Stück, im Schaltjahr

366. Nimm parallel zwei Kisten, dann sind es 730 und bei dreien schon über tausend Objekte! Geh dein eigenes Tempo, in meinem Laufverein gibt es auch unterschiedliche Pace-Gruppen, damit für jeden die richtige dabei ist. Nach einem gewissen Training beschleunigst du. Du kannst dir auch erlauben, dass kurz vor der Entsorgung noch ein Objekt pro Kiste gerettet werden darf. Sei jedoch nicht zu großzügig. Wichtig ist, dass du spürst, dass du in der Zwischendepotzeit die Dinge nicht vermisst, ja sogar recht schnell vergisst.

Unterm Strich gilt: Finde einfach den Weg, der für dich am besten funktioniert. Vergiss auch nicht, deinen Keller auszumisten, denn der Keller ist nichts anderes als ein gigantisches Zwischendepot.

HALBIERUNGSMETHODE

WAS NICHT GRIFFBEREIT IST,
WAS MAN NICHT NACHTS UM ZWEI UHR FINDEN KANN;
DAS BESITZ MAN NICHT.
DAS LIEGT BLOSS DA.
ES IST SO, WIE WENN MAN ES WEGGEWORFEN HÄTTE.
(KURT TUCHOLSKY)

Der Mensch als Sammler – hier liegt eine ganz häufige Ursache für das Anhäufen von Besitz. Von Reinhard Mey gibt es das ironische Lied »Pöter« aus dem Jahr 2009, in dem eine alternative Idee präsentiert wird, damit der Mensch sammeln kann. Dieser löst nämlich die Problematik, indem er nicht physisch sammelt. Er ist fasziniert darüber, welch unterschiedliche Hintern die Menschen haben und sammelt diese Anblicke im Geiste …

Das gegenständliche Sammeln zieht jedoch die Anschaffung von irgendwelchen Sammelbehältnissen nach sich. Bei mir waren es in meiner Jugend, wie ich an anderer Stelle schon beschrieben habe, Sortierkästen, die ich für meine Schrauben, Nägel, Dübel etc. benötigte. Ich werde die Methode auch daran beispielhaft be-

schreiben, das Vorgehen funktioniert jedoch genauso für Schmink-
sachen, Stifte, Modeschmuck oder was auch immer sich bei dir
anhäuft.

In meinem Fall besaß ich vorm Wendepunkt acht Sortierkästen,
die mit dem unterschiedlichsten Montagematerial gefüllt waren.
Ich benötigte dieses Sortiment für den Modellbau im Studium, für
Fahrradreparaturen und bei den Umzügen zur Montage der Ein-
richtung. Darüber hinaus war mir dieses Gut auch nützlich bei
Freunden, denn ich war und bin immer noch ein gern gesehener
Umzugshelfer. Ich kann schleppen und zusammenbauen. Doch
zurück zum Thema: Die besagten acht Kästen waren sperrig und

wegen des Inhaltes recht schwer. Plötzlich fiel mir auf, dass ich die alten Schlitzschrauben eigentlich nie benutzte, da sie sich schlecht mit dem elektrischen Schrauber eindrehen ließen. Nach dem Praktikum in einer Schreinerei hatte ich einen recht guten Stromschrauber erworben – wow, ziemlich spät kam jetzt die Erkenntnis: Ich hatte nicht kompatibles Material über Jahre sinnlos durch mein Leben geschleppt.

Ich sortierte daraufhin alle Schlitzschrauben aus und gab sie ins Altmetall – viele waren bereits rostig. So gelang es mir, meine Sammlung erst auf sechs, dann auf vier Kästen zu reduzieren. Nach dem Spiel ist vor dem Spiel. Mit zeitlichem Abstand und neuer CAD-Software wurde dann zudem klar, dass ich keine Modelle mehr bauen werden, und so sortierte ich solang die entsprechenden Teile aus den Kästen, dass ich auf drei Behältnisse reduzieren konnte. Noch mal später wiederholte ich das Prozedere und heute besitze ich nur noch die beiden verbliebenen Kästen, eine mit Kreuzschlitzschrauben und Dübeln, eine mit metrischen Schrauben, Muttern und U-Scheiben. Denn Umzüge und Fahrradreparatur kommen immer noch vor.

Der Gedanke dahinter ist, dass wir Sammlungen oft als Einheit ansehen, an denen nicht reduziert werden kann. Das ist falsch. Denke stattdessen darüber nach, welche der Objekte, die angeblich zusammengehören, für dich noch praktischen Wert haben – sprich, die Verwendung finden. Entsorge den Rest. Da dies oft nicht in einem Schritt erkennbar ist, empfehle ich erst mal um eine beliebige Teilmenge zu reduzieren, zum Beispiel die Hälfte, um nach einiger Zeit wieder zu halbieren. Sammlungen, die wir nur des Sammelns wegen besitzen – wie zum Beispiel Briefmarken –, würde ich allerdings gleich am Stück verkaufen, sie haben für mich keinen Wert. Wenn ich mir eine Sammlung ansehen möchte, gehe ich ins Museum. Und kein Mädel wollte bislang tatsächlich meine Briefmarken anschauen.

Ich habe noch ein Beispiel, das in diese Rubrik passt. Als mein Onkel starb, erbte ich einen Besteckkasten mit Besteck in sechsfacher Ausfertigung. Neben sechsmal Gabel, Messer, Löffel, Teelöffel, Kuchengabel gab es auch noch Vorlegbesteck, Salatbesteck, Tortenheber, Kelle, Schöpfer etc. Es war kein hochwertiges Besteck, Blech statt Silber, was natürlich genauso funktioniert, später sogar ein riesiger Vorteil wurde, denn ein Silberbesteck wirst du nicht einfach zum Altmetall geben. Diese Ausstattung belegte immer eine komplette Schublade in der Küche. Ich bin bislang kein begnadeter Koch und lade seltenst (um nicht zu sagen: nie) fünf Leute zum Essen nach Hause ein. Dennoch begleitete mich dieses Erbstück seit Erhalt. Irgendwann trennte ich mich von dem sperrigen Tortenheber, das war die Initialzündung. In jeder weiteren Runde flogen nun Teile hinaus. Verblieben sind zwei Messer, zwei Gabeln und zwei Kaffeelöffel. Einen Suppenlöffel hab ich mir kürzlich wieder gekauft, keine Ahnung, warum ich die Suppenlöffel alle weggeworfen habe. Suppe kann man trinken? Oder folgte ich Diogenes, der ein Kind aus den Händen trinken sah, und daraufhin seinen Becher wegwarf: »Ein Kind hat mir gezeigt, was Genügsamkeit ist.« In meinen beiden schmalen Küchenschubladen ist heute noch reichlich Platz für andere Objekte. Du siehst, man kann Dinge reichlich überspitzen, aber ich kenne einige Familien, darunter meine eigene, die neben der Aussteuer der Mutter mit einem zwölffachen Besteck in feinstem Silber auch noch ein zwölffaches, ähnlich hochwertiges vom Vater haben, von den zugehörigen Porzellanservices ganz zu schweigen. Dazu gibt es dann noch beträchtliches Geschirr für den »normalen« Gebrauch. Da fühle ich mich mit meiner Ausstattung für maximal ein »Dinner for Two« doch deutlich wohler.

Hier noch eine kleine Story dazu: Vor etwa acht Jahren wollte ich mit meiner damaligen Freundin Silvester feiern. Wir waren recht ähnlich: Keiner wollte kochen und wir beide hassten den Abwasch. Darum gab es das klassische Fondue Chinoise als Minimal-Dinner: Wir wollten so wenig Geschirr wie möglich verwenden. Wir besorgten Fleisch und Kartoffelsalat vom Metzger und benutzten lediglich den Fonduetopf und zwei Gabeln. Wir aßen direkt aus den Verpackungen und tranken aus der Flasche. Ich fand es kongenial, so etwas bleibt auf jeden Fall im Gedächtnis. Und überdies war es in gewisser Weise eine kleine Reminiszenz an meine französisch geprägte Erziehung mit dem wochenendlichen Großaufwand an Geschirr und Besteck – sowohl beim Essen als auch leider danach beim entsprechend umfangreichen Abwasch. Sinnigerweise besaß unsere Familie seinerzeit keine Geschirrspülmaschine. Ja, ja, man macht's entweder genau gleich oder komplett anders als die Eltern ... so lehrt es uns die Psychologie.

Allgemein gilt für Objekte wie zum Beispiel Isomatte, Luftmatratze, Campingkocher und Zelt: Denke darüber nach, wenn du Gegenstände nur ein- oder zweimal im Jahr brauchst, ob du sie besitzen musst. Ausrüstung kann man leihen, wenn man zum Beispiel nur einmal im Jahr zum Zelten geht. Vieles bekommt man auch direkt im Freundes- oder Bekanntenkreis organisiert. Bei einer großen Party half mir zum Beispiel eine Freundin mit ihrer beträchtlichen Geschirrsammlung aus. Darüber hinaus kannst du in München sogar ein voll ausgestattetes Geschirrmobil mieten, falls die Feier noch ein bisschen größer werden soll. Andere Städte haben bestimmt vergleichbare Angebote. Nicht alle brauchen alles! Meine üppige Werkzeugsammlung habe ich hingegen nach der Halbierungsmethode auf eine wohlsortierte Kiste reduziert und gerne mit dabei, falls Freunde diesbezüglich Hilfe benötigen.

THEMATISCH GLEICHES

DAS GLEICHE SUCHT SICH, DAS RECHTE FINDET SICH.
(DEUTSCHES SPRICHWORT)

Die Reduktion an die gleiche Art der Gegenstände im selben Möbel zu knüpfen, ist ein weiterer Anreiz. Gleich und Gleich gesellt sich gern, das gilt nicht nur für Menschen. Angewendet auf Dinge, hilft es dir später ungemein, zu wissen, wo sich diese gerade befinden.

Ich will das anhand meines Bürocontainers erklären. Dieser besteht aus drei Schubladen. In der untersten befindet sich eine Hängeregistratur, diese ist vorgesehen für alle Dokumente der laufenden Projekte – hier befinden sich ebenso Durchlaufposten wie Dokumente, die im Original aufgehoben werden sollen (das sind zum Beispiel alle Unterlagen, die später für die Rente von Belang sind). Was ich dir aus meiner Erfahrung empfehlen möchte: Schau dir jedes Papier einzeln an und denke darüber nach, ob du es wirklich als Original behalten musst oder ob es digitalisiert werden kann. Für Hardcorefans: Meine auf Büttenkarton gedruckte und gestempelte Diplomurkunde nebst allen Zeugnissen habe ich erst gescannt und dann verbrannt. Die Wahrscheinlichkeit, mich noch mal mit dem Innenarchitekten-Diplom auf eine Festanstellung zu bewerben, geht gegen Null! Sei da ruhig ein bisschen risikobereit. Falls ein Job für dich prädestiniert ist, wirst du ihn auch ohne die Originalpapiere kriegen. In meiner Hängeregistratur ist meist ein Drittel frei, da ich sie jeweils zum Quartalsende durchgucke und aussortiere, was nicht mehr benötigt wird. Wenn du die initiale Sortierung mal durch hast, geht das dann sehr schnell.

Ach, noch etwas. Falls du Bedienungsanleitungen und Garantien deiner elektrischen Geräte physisch aufheben möchtest, hier ein wunderbarer Tipp. Schneide den deutschen Teil aus der Gebrauchsanleitung heraus und wirf den ganzen Rest ins Altpapier! Bei vielen Gebrauchsanweisungen spart das eine unglaubliche Menge Papier.

In der mittleren Schublade finden bei mir Büroartikel, also alle Geräte, die nicht Stifte sind, Platz. Dies hat bei Weitem nicht von Anfang an geklappt. Das Hilfreiche an dieser Methode ist jedoch, dass es ein klar formuliertes Ziel gibt und man deswegen nicht herumeiern kann. Hier sortierte ich also so lange Objekte aus, bis es funktionierte. Da ich ein Ordnungsfetischist bin, liegt das Material nicht einfach so in der Schublade, sondern ist in Unterteilungen untergebracht – vergleichbar ist das mit einem Besteckkasten. Dazu musst du, ähnlich dem Computerspiel-Klassiker Tetris, die Objekte so zusammenstellen und etwaig drehen, dass alles optimal und möglichst lückenfrei den Raum ausfüllt. Wenn du das nächste Mal zur Konsole greifen willst, spiel doch lieber mal Tetris an deinen Schubladen – macht Spaß und Sinn. Frevelhafterweise habe ich mir eine kleinere Anspitzmaschine und einen kleineren Hefter neu gekauft. Ich besaß zwar schon beides, aber eben in voluminösen Ausführungen, sodass die Objekte nicht in die Unterteilungen passten.

Gleiches Prinzip galt schlussendlich für die oberste Schublade, die dann folgerichtig bei mir nur Stifte enthält. In dieser Schublade ist von Haus aus eine feste Einteilung verbaut, sodass Tetris mit den Stiften von Neuem begann. Ausgenommen sind die Neuland- und Copic-Marker, die im Küchenschrank Platz fanden. Sie passten wegen ihrer Anzahl und Größe nicht in den Container, auch nicht, nachdem ich den Gesamtbestand halbierte. Ich benötige als Illustrator recht viel Zeichengerät, aber mit der Zeit fand ich heraus, welche Stifte ich benutze und welche eben nicht. Natürlich tut es weh, sich von hochwertigem Schreibgerät zu trennen, aber es macht nun mal keinen Sinn, Dinge zu behalten, die man nicht verwendet. Hin und wieder probiere ich auch neue Stifte aus, hier zeigt sich jedoch recht bald, ob sie mir taugen. Falls nein, verschenke ich sie an Kollegen, damit diese ihr Glück mit den Stiften versuchen können. Oder ich lege sie, falls sie kindgerecht sind, aufs Fensterbrett des benachbarten Kindergartens – das klappt auch immer recht gut.

Falls du bei Dingen stark im Zweifel bist, ob du sie weggeben willst oder nicht – arbeite mit Intuition. Nimm den Gegenstand in die Hand und fühle, ob er zu dir passt. Ich habe mal eine sündhaft teure Stiftverlängerung erworben, weil ich gespürt habe, dass sie einfach super in der Hand liegt. Ich zeichne viel mit Buntstiften und ab einer gewissen Länge kann ich diese nicht mehr richtig in der Hand halten oder anspitzen. Die Verlängerung ist unglaublich wertig ausgeführt, sie ist vom Buntstifthersteller Caran d'Ache gefertigt. In ihr halten die bei mir beliebteren Stifte vom Konkurrenten Faber-Castell wunderbar, nicht aber die firmeneigenen, die etwas dünner sind … manchmal wundere ich mich schon über dieses Leben! (Jüngst konnte ich dies klären: Die Stifthalterung ist eigentlich für die firmeneigenen Kreiden gemacht. Du siehst wieder: Dinge können mehr als nur eine Funktion haben.) Das Objekt ist auf jeden Fall eine meiner am häufigsten benutzten Zeichenhilfen. Aber es gibt auch das Gegenteil. Dinge, die etwaig teuer waren, aber eben keinen besonderen Reiz (mehr) auf dich ausüben. Weg damit!

Sei dir nicht zu schade, auch auf Kleinzeug zu achten. Letztlich gilt: Selbst das kleinste Objekt braucht Platz. Ich behielt zum Beispiel nur zehn Büroklammern, da ich diese immer wieder verwende. Oder zehn Klarsichthüllen. Wenn ein bisschen hier und ein bisschen da wegkommt, dann können die verbliebenen Teilmengen zusammengeführt werden. Und in der Summe ist ein ganzes Fach frei. Falls schließlich mehrfach ganze Fächer frei werden, kann ein komplettes Möbelstück weg. Darum prüfe in regelmäßigen Abständen, ob du wirklich alle verbliebenen Gegenstände benutzt. Immer entdeckst du noch Dinge, die weg können und schaffst so Platzreserve, falls neue hinzukommen sollten.

Das Prinzip der gleichen Thematik im definierten Raum kann selbstredend auf alle Möbelstücke im ganzen Haus angewendet werden und, meine Damen, besonders gut auf den Kleiderschrank! Dazu schreibe ich aber besser einen eigenen Abschnitt.

KLEIDERSCHRANK VERSUS GARAGE

ES KOMMT NICHT AUF DAS HABEN AN,
SONDERN AUF DAS BRAUCHEN.
(JEREMIAS GOTTHELF)

Ich fange mal bei der Ursache hinter den Sachen an. Leider ist es immer noch so, dass sich Frauen Selbstwert eher über ihre Erscheinung zuschreiben, Männer über ihren (beruflichen) Erfolg. Deswegen ist in aller Regel der Kleider- und der Schuhschrank bei den Damen voluminöser und bei den Herren das Auto. Unser komplettes Leben werden wir, je nach Elternhaus, Erziehung und Medienkonsum, mehr oder weniger stark geschlechterspezifisch konditioniert. Schau dir drei beliebige Werbespots im TV an, du findest stereotyp die uns zugedachten Rollen erfolgreicher und begehrenswerter Menschen in Beruf und Alltag. So wird dir suggeriert, dass ein beworbenes Produkt dir zwingend dabei hilft, schön und reich zu werden.

Die Lösung liegt jedoch nicht darin, dass die Damen nun verstärkt dem beruflichen Erfolg nachjagen und die Herren mehr in die Optik investieren sollten, was momentan allerdings gerade passiert. Key ist, das Selbstwertgefühl weder vom einen noch vom anderen abhängig zu machen. Glaube an deinen Wert. Tu dies bedingungslos und von Anfang an.

Stell dir die schöne Aufgabe, ein zufriedenes Leben zu führen, und gestehe diese auch allen anderen Menschen zu. Streben nach Schönheit und Erfolg ist dabei immer noch legitim, wird aber deinen Selbstwert nicht vermehren. Leistungsabhängige Wertschätzung durch andere darf nicht mit dem Selbstwert verwechselt werden. So wie der berühmte 50-Euro-Schein in der ledernen Louis-Vuitton-Brieftasche auch nur den Gegenwert von 50 Euro hat. Auch wenn du ihn zusammengeknüllt in der Hosentasche verstaust, bleibt der Wert erhalten.

Wie viele bejubelte Rockmusiker, denen auf der Bühne die Bewunderung Tausender Fans entgegenschlägt, landen in der Drogenhölle? Sie definieren ihren Selbstwert über die Bewunderung durch das Publikum und zerbrechen an dem Druck, diese aufrecht zu erhalten. Erfolg ist nun mal vergänglich, und je mehr du hast, umso tiefer kannst du stürzen.

Der Kerngedanke ist hier, die beiden Werte zu unterscheiden. Den Selbstwert gibst du dir selbst und bedingungslos. Die Anerkennung durch andere Menschen ist ein Fremdwert, der jedoch den inneren Wert nicht erhöhen und der abhängig machen kann. Dies gipfelt dann zum Beispiel in der Anschaffung von Statussymbolen – wie unzähligen teuren Klamotten oder einem überdimensionalen Auto –, um Bewunderung zu erheischen.

Da ein Umdenken, was die Ursachen eines geringen Selbstwerts anbelangt, oft ein lebenslanger Prozess ist, komme ich jetzt zurück zur Wirkung: dem vollen Kleiderschrank. Vielleicht ist dieser deine größte Baustelle, das macht ihn aber auch zur größten Chance. Denn wo viel ist, kann viel weg. Falls dir Aussortieren schwerfällt, fange da an, wo das größte Potenzial ist. Um beim Klischee zu bleiben: die Damen im Schlafzimmer, die Herren in der Garage. Alle in diesem Buch geschilderten Reduzierungsmethoden eignen sich selbstverständlich auch für den Kleiderschrank. Ich empfehle jedoch hier die intuitive Methode, die den meisten vom Einkaufen her auch gut bekannt sein sollte.

Wenn ich Klamotten kaufe, gehe ich in einen Shop, suche ein paar Teile aus und probiere sie an. Beim Ankleiden vorm Spiegel spüre ich in Echtzeit, ob ich mich in dem Stück wohlfühle. Es ist ein haptisches und optisches Erlebnis, deswegen bestelle ich Klamotten ungern online. Aus dem Gefühl, das ich beim Anziehen habe, leite ich dann eine Kaufentscheidung ab. Bei den Frauen ist dieses Vorgehen schätzungsweise ungemein intensiver ausgeprägt, außerdem haben sie in der Mehrheit auch noch anhaltend Spaß an diesem Prozess.

Standortwechsel. Wenn du nun vor deinem übervollen Kleiderschrank stehst, wiederhole doch das Prozedere des Einkaufens. Gehe jedes Teil durch und spüre, ob du an diesem Stück hängst oder das Stück nur an der Stange. Wie oft hattest du es im letzten

Jahr an? Supergau: Hast du das teure Stück überhaupt schon mal getragen? Falls dem nicht so ist, so ist das ebenfalls ein sicheres Indiz dafür, dass du es auch nie tun wirst. Wenn du bei der intuitiven Methode ehrlich bist, kannst du deine Kleidung oft schon in der ersten Runde um eine beträchtliche Anzahl reduzieren. Ein toller Erfolg! Aber: Nach dem Spiel ist vor dem Spiel …

Eine Freundin erzählte mir neulich, dass sie die nach dem Schrankausmisten aussortierten Teile noch zum Chillen aufbewahrt. Nein, chille ab sofort in den schönen Sachen! Ich ziehe mich abends auch nicht aus, um dann einen anderen Dress für die Nacht anzulegen. Manche nennen das Schlafanzug, gibt es auch einen Essanzug?

Schau auch mal die Anzahl deiner Handtücher, Bett- und Kissenbezüge durch. Ich besitze von jedem jeweils zwei – ein Teil in Benutzung, das andere in der Wäsche. Meinen Schlafsack habe ich auch nicht mehr. Das war so ein voluminöses Teil, das ich maximal ein- bis zweimal im Jahr brauchte – in meinem Fall meist indoor bei Freunden oder mehrtägigen Sportfestivals. Ich nehme statt des Schlafsacks jetzt einen der Bettbezüge und trage, wenn es kalt ist, ein Sweatshirt oder Ähnliches bzw. leihe mir eine Decke.

Hier ein Vorgriff auf die Entsorgung: Das Gute am Kleideraussortieren ist, dass du sie sehr leicht loswerden kannst. Falls du es nicht schaffst, sie zu verkaufen oder zu verschenken, gib sie in die Altkleidersammlung. Altkleider sind inzwischen ein riesiges Geschäft geworden, schau deswegen, dass du einen Container für soziale Zwecke findest oder einen städtischen, der die Müllgebühren subventioniert. In München gibt es sowohl das eine als auch das andere.

Gönne dir mal mein Gedankenspiel: Ich besitze zurzeit fünf Hemden, die meisten von Camp David, weil ich die grafischen Applikationen toll finde. Passt irgendwie zu meinem Beruf. Designern gesteht man erfreulicherweise kleidungstechnisch Freiheiten zu und hält sie dennoch für kompetent, obwohl sie nicht oder weil sie nicht im Anzug mit Krawatte kommen. Also fünf recht freche Hemden. Potenziell besitze ich jedoch Tausende Hemden aller erdenklichen Marken, modisch immer auf dem neusten Stand. Personal kümmert sich um Lagerung, Pflege und Aktualität. Ich kann werktags und samstags zwischen 8:00 und 20:00 Uhr jederzeit vorbeikommen und mir das besorgen, was ich benötige. Sie sind nämlich verteilt auf die Modeläden, und von denen gibt es in München jede Menge. Ladies, welch gigantischer, begehbarer Kleiderschrank!

Um es betriebswirtschaftlich auszudrücken: Auch für Privatbesitz können Regeln der modernen Logistik angewendet werden. »Delivery on Demand« ohne eigene Lagerhaltung. Ich besorge mir einen Artikel erst dann, wenn ich ihn tatsächlich benötige. Bis dahin kümmern sich die Ladengeschäfte um die Ware.

Analogien: Bei Werkzeug und Schrauben halte ich mir ein kleines Sortiment für schnelle Reparaturen, falls mal bei einem eine locker ist. Ein gigantisches Sortiment gibt es im Hornbach-Baumarkt im Viertel nebenan. Danke Hornbach, für die Lagerung! Es ist auch hier eine Frage der Betrachtungsweise, ob ich etwas haben muss oder ob es mir genügt, auf etwas zugreifen zu können. Etwa

50 Meter hinter der Häuserzeile, in der ich wohne, ist eine wunderschöne Liegewiese mit angegliedertem, neu gestaltetem Jugendspielplatz und Outdoor-Fitnessgeräten. Alles ist Tag und Nacht zugänglich und wird durch städtische Gärtner gepflegt. Manche nennen dies eine öffentliche Grünanlage, ich nenne dies meinen Garten! Im Sommer findest du mich dort hin und wieder mit einem Bier auf einer Bank. Sitzen statt besitzen!

Hier noch ein paar Worte für die Hardcore-Fraktion. Das letzte unnötige Möbelstück, welches in meiner Wohnung verblieben war, war die Kleiderkommode. Man kann auch sagen: Die Kommode für die Mode kam aus der Mode. Ich beschloss selbige zu verkaufen und meine verbliebenen Klamotten in zwei Küchenschränken zu lagern. Das habe ich mal bei Minimalist Rainer Langhans in einer Doku gesehen und wollte dies nun auch so haben. Zuvor montierte ich jedoch in einer Wandnische eine Kleiderstange. An diese offene Garderobe kam die Hängeware, also die fünf Hemden, die ich nicht falten wollte und die aktuelle Jacke. Die Schuhe – ich besitze jeweils ein Paar für Sommer, Winter, Sport, Geschäft und Badeschlappen – stellte ich vor die Wohnung. Das Schöne an Dachgeschosswohnungen ist, dass man das oberste Treppenpodest für sich alleine hat.

Die restliche Kleidung sollte nun in den Küchenschränken verstaut werden, die jedoch weniger Raum boten als die Kommode. Deshalb musste ich hier zu einem Trick greifen: Ich besorgte mir zwei Kunststoffboxen und stattete diese mit einem Raster ähnlich einer Mohrenkopfpackung aus. (Schokoküsse oder wie man das heut nennen soll. Ich halte von Wortkosmetik nicht das Geringste, ändere lieber deine Denkweise, falls diese bedenklich sein sollte.) Unterwäsche, Socken und T-Shirts rollte ich nun zusammen und stecke sie senkrecht von oben in diese Gitter. Das spart einerseits Platz, andererseits hast du einen Superüberblick über dein Sortiment. Funktioniert im Übrigen auch für Koffer auf Reisen.

Jacken, Sweatshirts und Hosen liegen gefaltet im Stapel, wobei die wärmeren respektive leichteren Sachen je nach Jahreszeit im hinteren, tiefen Schrankbereich liegen und die aktuellen davor. Ich falte diese so, dass sie quer genau dem lichten Innenmaß des Schrankes entsprechen. Auf diese Weise ist der Schrankraum optimal genutzt. Auch hier habe ich inzwischen Reserven für Neuanschaffungen.

Ein weiterer Benefit der Reduktion: Quält dich die Frage, was du packen sollst, wenn du in Urlaub fährst? Das wäre bei mir ganz easy zu lösen, denn ich könnte mehr oder weniger den ganzen Bestand einpacken. Ich reise allerdings grundsätzlich nur mit Handgepäck, egal wann, egal wie weit, egal wohin. Spart einerseits Zeit beim Einchecken und andererseits entfällt Warten am Kofferband. Der Koffer geht auch nie verloren. Dauert die Reise länger als eine Woche, lasse ich die Kleidung im Urlaub waschen. Schau unbedingt nach deiner nächsten Reise zu Hause den Koffer durch und prüfe, was du nicht benutzt hast. Lass dies in Zukunft daheim.

MULTIFUNKTIONALE GEGENSTÄNDE

GUT LEBT MAN MIT WENIGEM.
(HORAZ)

Hast du den Film »Cast Away – Verschollen« mit Tom Hanks gesehen? Er ist eine modern adaptierte Robinsonade. Der Protagonist, ein leitender Angestellter von FedEx, stürzt in einem Frachtflugzeug im Südpazifik ab und überlebt als einziger auf einer unbewohnten Insel. Aus dem versunkenen Flugzeugwrack werden später verschiedene Pakete an den Strand gespült, in einem befindet sich zum Beispiel ein Paar Schlittschuhe. Dieser vermeintlich nutzlose Gegenstand auf der sandigen Insel dient ihm jedoch später als Beil, da er mit der Kufe Kokosnüsse aufhacken kann. Die metallene Kufe ist überdies als Spiegel und dann sogar als Zahnarztinstrument nützlich – tatsächlich kommt die Kufe zum Einsatz, als er sich einen entzündeten Zahn in Selbsttherapie entfernen muss. Auch andere Gegenstände werden in dem Film entsprechend uminterpretiert. Denn hier gilt wieder: Gegenstände haben oft mehr als eine Funktion.

Ich trinke nicht oft Wein, aber wenn Besuch kommt, ist hin und wieder eine verkorkte Flasche zu öffnen. Aus diesem Grund war über lange Strecken immer ein Korkenzieher in meiner Küchenschublade zu finden. Eines Tages sah ich eine Doku über ein paar Männer, die in einer recht minimalistischen Yacht über den Atlantik segelten – ähnlich, wie es 2019 Greta Thunberg tat. Bei Sportseglern kommt es auf jedes Kilo Gewicht an, denn Masse macht träge. Da nun einer der Männer auf See Geburtstag hatte, wollten sie sich eine Flasche Wein gönnen. Diese war auch an Bord, jedoch kein Korkenzieher. Und nun? Einer der Männer holte den Bordwerkzeugkasten, drehte eine Spax in den Korken und zog diesen mit einer Kombizange heraus. Im Anschluss an die Doku lag bei mir der Korkenzieher in der Kiste für Sachen, die wegkönnen.

Werde da ein bisschen kreativ! Ich war letztes Jahr hin und wieder beim Outdoor-Sport im Englischen Garten und einmal wollte ich mit ein paar Freunden hinterher noch am Eisbach chillen. Dazu hatte ich mir zwei Biere mitgenommen. Es war heiß und die Flaschen sollten im Eisbach gekühlt werden. Die Strömung ist allerdings in diesem so stark, dass du eine Flasche nicht einfach hineinstellen kannst, wenn du sie wiederhaben willst. Was hatte ich dabei? Ich klipste den Trageriemen von der Sporttasche ab, der mit zwei Karabinern an dieser befestigt war. Es lagen auch noch ein paar Ersatzsocken in der Tasche. In diese steckte ich je eine Flasche und knotete dann die Socken an je einen Karabiner des Trageriemens. Das ganze Konstrukt konnte ich so über einen Ast ins Wasser hängen. Eisgekühltes Eisbachbier …!

Jüngstes Beispiel: Ich hatte seit einigen Monaten komplett auf bargeldloses Zahlen umgestellt. Seit ich bei meiner neuen Bank die Visa- und EC-Card mit NFC-Chip habe, geht das einfach superschnell. Für diejenigen, die NFC (Near Field Communication) nicht kennen: Es ist ein Chip, der im Geschäft nur an den Ausleser gehalten werden muss, die Abbuchung geht automatisch ohne PIN und Unterschrift. Natürlich birgt dies ein gewisses Risiko. Der digitale Taschendieb kann sich zum Beispiel einen mobilen Ausleser besorgen und diesen unbemerkt an die Tasche, in der das Portemonnaie steckt, halten. Um dies zu vereiteln, gibt es metallene Hüllen, in die die Chipkarten einzustecken sind – dann funkt der Chip nicht und der Betrug funkt-ioniert nicht mehr. Ich war schon im Begriff, mir Hüllen zu bestellen, da fiel mir ein, dass ein Geschäftskollege mir einmal eine metallene Visitenkarte überreicht hatte. Diese steckt jetzt immer in meinem Portemonnaie bei den Karten. Ich habe es getestet, selbst wenn sich die Chipkarte vor dem Metallblättchen befindet, ist sie nicht lesbar. Und wieder drei Monate später stellte ich auf »Apple Pay« um und zahle seitdem mit dem Handy. Leider geht das Verfahren bei vielen Bäckereien und Imbissbuden noch nicht, sonst könnte ich fortan auch mein Portemonnaie ausmustern.

Du wirst feststellen, dass sich Dinge auch noch zu ganz anderen Zwecken verwenden lassen, als den zugedachten. Das passiert aber meist aus der Not heraus, wenn dir das entsprechende Werkzeug fehlt und du handeln musst. Entwickle Vertrauen, dass dir dies gelingen wird. Die Verfilmung von Apollo 13 – schon wieder mit Schauspieler Tom Hanks – gibt ein ähnliches Beispiel. Die Crew ist auf dem Flug zu dritt in die Mondlandefähre umgezogen, da das Kommandoschiff durch eine Explosion beschädigt wurde. Die CO_2-Filter in der Landefähre sind allerdings nur für zwei Personen und zwei Tage konzipiert, weswegen sie alsbald erschöpft sind. Da die quadratischen Filter des Kommandoschiffes nicht in die runden Aufnahmen der Mondlandefähre passen, müssen die Astronauten einen Adapter bauen. Zur Verfügung haben sie dabei nur Dinge, die es im Schiff gibt. Das Eckige muss in das Runde, bestenfalls bevor den Astronauten die Luft ausgeht … Die Bodencrew simuliert den Notfall, legt alle Optionen auf einen Tisch und bastelt die benötigte Lösung zusammen, sodass sie von den Astronauten, schon leicht blau angelaufen, nachgebaut werden kann. Eine Socke findet dabei übrigens auch Verwendung: Die quaderförmige Filterkassette wurde auf der Rückseite mit einer Plastiktüte überzogen, die über einen Luftschlauch vom Raumanzug und viel Klebeband mit dem Luftreinigunssystem des Raumschiffes verbunden wurde. Auf der Vorderseite der Kassette wurde eine Montageöffnung mit der Socke verstopft und ebenfalls mit Klebeband abgedichtet. Aufgabe gelöst! Apollo 13 ist eine Realverfilmung, dies ist tatsächlich geschehen und rettete drei Menschen das Leben. Fang also ruhig schon mal an, Improvisation ein wenig zu üben, wer weiß, wozu du diese mal brauchen wirst.

GESCHENKE, ERB-STÜCKE, ANTIQUITÄTEN

EIGENTUM BEREITET SCHMERZEN.
(AUS ARABIEN)

Jetzt kommt ein schwieriges Kapitel: Hier haben Sachen einen ideellen Wert, also einen, der über den puren Sachwert hinausgeht. Dieser verleiht den Dingen eine gewisse Einzigartigkeit, so denken wir zumindest. Fangen wir mit den Geschenken an, und zwar mit denen, die du noch gar nicht bekommen hast. Verkünde vor deiner nächsten Party, dass du keine Geschenke haben willst. Ich schreibe

das meist in die Einladungen und füge eine kurze Erklärung an. Falls dir dies zu hart erscheint, lass dir nur immaterielle Dinge schenken. Baggerfahren bei Jochen Schweizer, Raftingtour, Yoga-kurs, Massage, Therme, Kino oder was auch immer. Das Angebot ist unerschöpflich. Dinge wie Nahrungsmittel, die sich verbrau-chen, sind auch eine Option.

Du wirst bei Geschenkverzicht auch auf beträchtlichen Wider-stand stoßen. Dies wird insbesondere bei Menschen der Fall sein, die keinen Sinn im Minimalismus erkennen können oder die stark im materiellen Denken verhaftet sind. Es hat Jahre gebraucht, um mich bei meiner Familie von dem ganzen Geschenkwahn, insbe-

sondere an Weihnachten, verabschieden zu dürfen. Das hat viel Unfrieden gestiftet, vor allem auch deswegen, weil ich viel zu radikal vorging. Nach dem Motto: »Friss oder stirb!« Es gibt wie überall auch hier eine Schattenseite, ich möchte dieser später noch einen eigenen Abschnitt widmen. Schlussendlich setzte ich jedoch den Geschenkverzicht mir gegenüber durch und ganz allmählich wurde er von den anderen übernommen.

Was du mit den schon erhaltenen Geschenken machst, ist Typsache. Ich wählte damals – was für diese Zeit für mich charakteristisch war – auch hier eine brutale Vorgehensweise, was erneut Unfrieden stiftete. Bei meinen Zeichnungen behielt ich, für mich selbstverständlich, jeweils nur die überzeugendsten einer bestimmten Zeitspanne. Aber auch von fünf Gedichtalben, die mir meine damalige Freundin im Laufe der Zeit schenkte, habe ich nur das mit Abstand schönste behalten. Als einziges enthielt es nicht nur Text, sondern auch aquarellierte Zeichnungen. Ich glaube, das Ausmustern der Alben hat sie mir nie verziehen. Es war konsequent und dennoch falsch. Allerdings dürfen hier Ursache und Wirkung nicht verdreht werden. Nicht die Zerstörung der Dinge führte zum Bruch der Beziehung. Die langdauernde Beziehung war nicht mehr tragfähig – ich hatte leider den Hauptteil der Schuld daran. Wir taten uns gegenseitig nicht mehr gut, ohne uns dies einzugestehen. Dies manifestierte sich schließlich im Umgang mit Dingen, die diese Beziehung symbolisierten. Das war Wirkung, nicht Ursache.

Ich denke, für den Umgang mit Geschenken ist es schwierig, allgemeingültige Regeln zu formulieren. Dennoch empfehle ich dir auch hier, alle Geschenke noch mal in die Hand zu nehmen und die Fragen zu stellen: Was fühle ich dabei? An was erinnert es mich? Wie ist mein heutiges Verhältnis zur schenkenden Person? Will ich das Geschenk behalten? Behalte ich es nur, damit der Schenkende nicht beleidigt ist? Ist dies der Sinn eines Geschenkes?

Ich bin mir heute darüber bewusst, dass mir die Gefühle zu den Mitmenschen wichtig sind, dass ich dazu jedoch keine »Reminder« brauche. Geschenke sind Objekte, die hier nur als Erinnerungshilfen dienen, sie sind Stellvertreter. Gelingt es dir jedoch, die Emotionen auch ohne die Objekte zu pflegen, verlieren diese ihre Notwendigkeit.

Georg Clooney formuliert dies sehr anschaulich in seiner Rolle im Film »Up in the Air.« Da er andauernd beruflich reisen muss, ist er Minimalist. Außerdem hält er hin und wieder seine berühmte »Rucksack-Rede«. Bei dieser sollen seine Zuhörer sämtliche Dinge, die sie besitzen, imaginär in einen Rucksack stecken. Wenn sie dann die schmerzenden Trageriemen auf den Schultern spüren und sich keinen Meter mehr bewegen können, sollen sie ihren Rucksack ablegen und verbrennen. Georg Clooney fragt in seiner Rolle, was die Zuhörer noch herausnähmen, bevor sie den Rucksack in Brand stecken. Fotos? Er beantwortet die rhetorische Frage aber gleich selbst mit der Empfehlung, besser ein Medikament gegen Gedächtnisverlust zu nehmen, falls die Menschen die Bilder nicht im Gedächtnis bewahren könnten. Was will er damit bewirken? Er will damit die Last der physischen Dinge nehmen, die jeder mit sich herumschleppt, nicht jedoch die schönen Erinnerungen.

Für die etwas ältere Fraktion, die schon vor WhatsApp und Co. lebte: Neben den Geschenken gilt eine mögliche Verabschiedung auch für handgeschriebene Briefe, Tagebücher und analoge Fotoalben. Ich las eines Tages alle Briefe meiner allerersten Freundin noch mal durch und verbrannte sie dann an der Isar. Es wäre auch möglich gewesen, sie zu scannen, zumindest einen Teil. Aber ich entschied mich bewusst dafür, die Inhalte nur im Gedächtnis zu behalten. Bei den Fotoalben löste ich die schönsten Bilder heraus und scannte sie. Es ist natürlich immer eine Frage der Menge, das Volumen sprengt schnell den Rahmen – auch zeitlich.

Was Erbstücke anbelangt, vor allem Antiquitäten, bin ich im glücklichen Umstand, bislang keine zu besitzen. Es sind in der Tat besondere Geschenke, dazu kommt, dass diese neben dem ideellen oft einen beträchtlichen Sachwert haben. Das macht die Sache noch komplizierter. Und dennoch gilt auch hier: Nicht das Ding ist von ideellem Wert, sondern das damit verbundene Gefühl zu einem Menschen, der dir nahestand. Darum geht es im Kern – die Erinnerung soll bewahrt werden.

Als meine Oma starb, vererbte sie meinem Vater unter anderem eine antike Standuhr und ein sehr ausladendes Buffet aus Massivholz mit verglastem Aufsatz. Ganz oben thronte ein geschnitzter Hirsch auf dem Möbel. Die Uhr fand recht schnell einen Käufer, das Buffet-Monster landete dagegen im heimischen Keller meiner Eltern. Warum wurde es nicht auch verkauft, gegebenenfalls verschenkt? Stattdessen fristet es seitdem ein recht trauriges Dasein als Lagerschrank in der hintersten, dunklen und feuchten Kellerecke. An die Standuhr mit Gewichten aus metallenen Tannenzapfen an robusten Ketten erinnere ich mich heute gerne, die hat uns als Kinder immer begeistert. Wenn ich allerdings an das Buffet denke, fällt mir nicht das Bild ein, wie es bei Oma in Würde in der Stube steht, sondern seine heutige Zweckentfremdung im Keller. Und ich habe auch den Gedanken, dass ich es eines Tages wohl entsorgen werde.

Noch ein kleiner Exkurs, der thematisch aber hervorragend hierher passt. Auch Urlaubsfotos sowie die berühmt-berüchtigten Souvenirs von unterwegs erfüllen einen ähnlichen Zweck wie Geschenke und Erbe. Sie sollen dir helfen, Erinnerungen an eine tolle Zeit in deinem Leben zu wahren. Auch hier kann die Schulung von Wahrnehmung und Gedächtnis Abhilfe leisten. Ich habe einige Bekannte, die auf Reisen die Sehenswürdigkeiten nie mit bloßem Auge anschauen. Zwischen Auge und Objekt befindet sich grundsätzlich das Smartphone und es werden Hunderte Bilder geschossen. Ich hab bei diesen Menschen den Eindruck, dass sie den Urlaub erst erleben, wenn sie ihre Schätze durchgucken und natürlich bei Instagram posten. Und ebenfalls logisch ist, dass sie dann Mitbringsel und Fotos als unverzichtbar betrachten, denn diese halten für sie die Erinnerung in sich.

Mein Vorschlag: Lass dich doch mal während des Urlaubs ganz auf die Erlebnisse ein und behalt das Handy in der Tasche. Tauche ab in Naturschönheiten ohne jeglichen Filter vor dem Auge. Ich bin fest davon überzeugt, du wirst diese Eindrücke nie mehr vergessen.

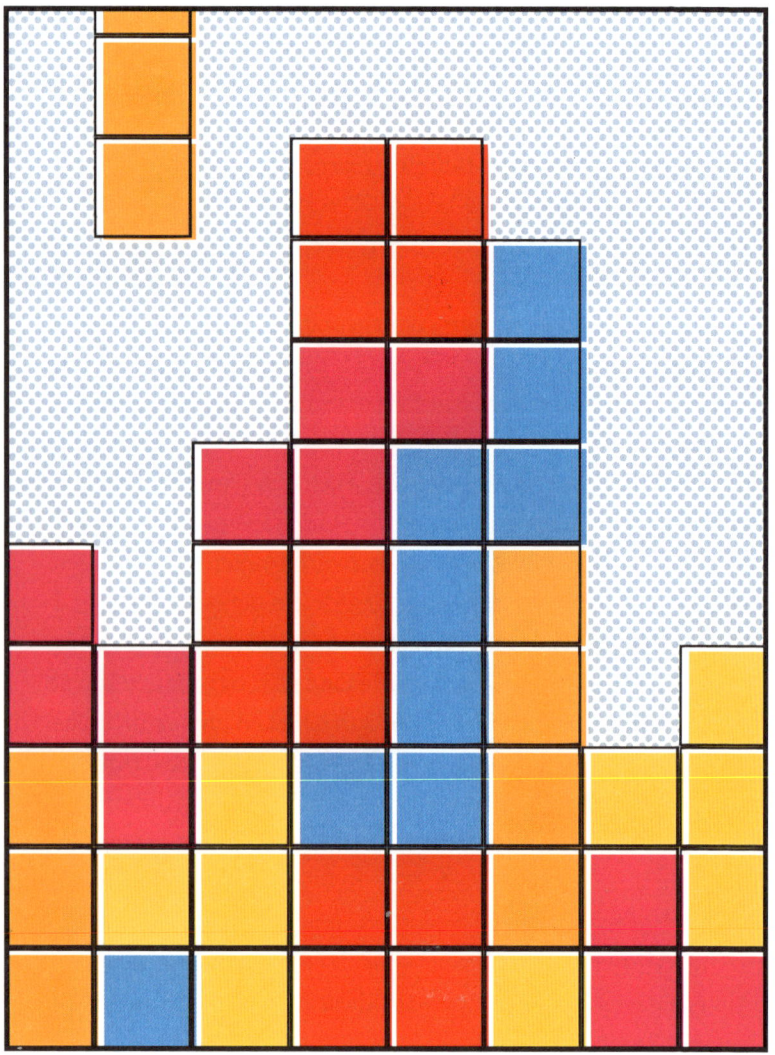

NUTZE BESTEHENDEN SCHRANKRAUM!

GENUG IST BESSER ALS ZUVIEL.
(FREIDANK)

»Nutze bestehenden Schrankraum«, diese Empfehlung ist jetzt eher eine Ergänzung zu den schon beschriebenen Methoden, denn ein eigenständiges Konzept. Die Empfehlung ist hilfreich, wenn bei dir zahlreiche Gegenstände in der Wohnung offen herumstehen oder dich ein bestimmtes Möbelstück nervt und du es loswerden willst. Sammle die offen herumstehenden Gegenstände ein oder räume im zweitgenannten Fall den Schrank, die Kommode oder was auch immer es ist, erst mal komplett leer. Jetzt hast du eine definierte Menge an Dingen, die in den verbleibenden Möbeln untergebracht werden müssen. Auch hier ist wieder der Vorteil, dass die Aufgabe ganz klar formuliert ist und es ein konkretes Ziel gibt, welches erreicht werden will. So ein bisschen wie im Abschnitt »Thematisch Gleiches«.

Sortiere zuerst das Zeug durch, das momentan außen steht, und versuche die Menge, soweit es dir eben möglich ist, zu reduzieren. Im Anschluss machst du dies mit dem Inhalt aller Möbelstücke, die die außen stehenden Dinge nun mitaufnehmen sollen. Wenn alle Objekte schließlich wieder untergebracht sind, hast du das Match gewonnen, zumindest im ersten Satz. Falls du nicht erfolgreich gewesen bist, fang mit dem zweiten Sortierdurchgang an. Anfangs stopfte ich in die verbliebenen Möbel so viel rein, wie reinpasste, um das Ziel erst mal zu erreichen. Das ist okay. Im zweiten Satz kannst du dir jedes Möbel noch mal vornehmen, um Reserveraum und bessere Übersicht zu gewinnen. Das funktioniert.

Reduktion, vor allem wenn sie signifikant ausfallen soll, wird dir nie in einem Rutsch gelingen. Als in einem Bericht über eine Naturkatastrophe, in diesem Fall eine Überschwemmung, Bewohner ihr komplettes Hab und Gut verloren, sagte ich zu meiner Freundin: »Wow, die haben es gut, die brauchen nicht mühsam sortieren.« Das war mal wieder einer meiner radikaleren Gedanken.

Zurück: Das Geheimnis ist, dass du immer wieder neue Runden einlegen musst, um vorwärtszukommen. Du hast deinen Besitz ja auch sukzessive angehäuft, und genauso reduzierst du ihn auch. Es ist im Grunde alles reine Physik. Mir hat das, nachdem ich die Reise begonnen hatte, jedoch bald Spaß gemacht. Vor allem, wenn nach der mühseligen Anfangszeit Erfolge sichtbar wurden. Wenn du zum Beispiel plötzlich wieder entdeckst, dass du unter den Sesseln, Beistelltischchen, Blumenvasen, Stehleuchten, Pflanzendekor und Teppichen ein wunderschönes Echtholzparkett im Wohnzimmer hast.

DIE F-22 RAPTOR

WER EINE SCHÖNE BURG HAT,
EINE BURG AN DER GRENZE
ODER EINEN WEINBERG AM WEGESRAND,
FÜHRT IMMER KRIEG.
(AUS DÄNEMARK)

Die F-22 Raptor ist ein US-amerikanisches Kampfflugzeug der neusten Generation. Natürlich ist es reichlich absurd, bei einer Waffe über gelungenes Design zu reden, aber dennoch: Dieses Flugzeug hat eine unglaubliche Ästhetik … und einen unglaublichen Preis. Der war der Grund, warum die Produktion eingestellt wurde und stattdessen die vom Design angelehnte, aber günstigere und modulare F-35 Lightning in Serie ging. Und da ich gerade dabei bin, noch revolutionärer war seinerzeit die Lockheed SR-31 Blackbird aus den Sechzigern, ein Hybrid aus Flugzeug und Raumschiff. Elon Musk war vom Design der Maschine so angetan, dass er seinen jüngsten Sohn nach ihr benannte – Musk nutzte dafür den kryptischen Beinamen A-XII, dieser entstammt einer Vorstudie

zur Blackbird. Ob er seinem Kind damit einen Gefallen tat, wage ich zu bezweifeln. Kampfflugzeuge haben mich schon immer fasziniert, Elon Musks verrückte Ideen allerdings auch, ob man ihn nun mag oder nicht.

Ich beschloss also, mir ein Modell vom Flugzeugtyp F-22 zu besorgen und dieses unter die Zimmerdecke in die Mitte des Wohnraumes zu hängen. Ich begab mich im Internet erfolgreich auf die Suche nach einem entsprechenden Angebot. Selbstredend habe ich diese Bestellung nicht ausgeführt, es hätte ja die Anschaffung eines zusätzlichen Objektes bedeutet, dazu noch eines vermeintlich recht unsinnigen. Oft befriedigt es schon, zu wissen, dass ein Plan umgesetzt werden könnte.

Was hat nun also die F-22 mit unserer Sache hier zu tun? Die Antwort lautet: die »Stealthfähigkeit«. Zu Deutsch: die Tarnkappeneigenschaft. Dieses Flugzeug hat ungefähr die Radarsignatur eines Vogels. Und um diese zu erreichen, mussten unter anderem sämtliche Außenlasten wie Waffen, externe Tanks und Antennen in den Innenraum verschwinden. Tatsächlich ist es so, dass diese Auf- und Unterbauten Radarstrahlen reflektieren. Bingo! Das war die Assoziation. Ich wollte Mobiliar glatt wie den Rumpf eines Stealthflugzeuges.

Mein konkreter Plan lautete: Alle Dinge, die auf, neben oder unter den verbliebenen Möbeln standen, nun in den Innenraum verschwinden zu lassen. Geh mal in die Küche einer x-beliebigen Person oder in deine eigene. Dort stehen dann meist eine Kaffeemaschine, eine Saftpresse, ein Fruchtkorb, ein Messerblock und eine Brotschneidemaschine auf der Arbeitsplatte, diverse Gerätschaften hängen an der Wand oder unter den Oberschränken etc. Im Büroraum das gleiche Lied. Der Schreibtisch ist voll mit Stiftschale, Fotorahmen, Stempel, Notizblock, Kalender usw. usw. usw. ... Und um alles muss wieder klassisch drum herum geputzt werden. Staubfänger – Schluss damit!

Ich wollte eine klare Kontur. Die Arbeitsplatten sollten komplett frei werden – einzige Ausnahme: der Computer auf dem Schreibtisch. Der große iMac passt nirgends rein, wird ganztägig gebraucht und sollte erst mal bleiben. Irgendwann stelle ich auf MacBook um, dann wird das Verstauen des Rechners auch klappen, sprich: zuklappen und ab in den Rollcontainer.

Und wenige Monate nachdem ich den Absatz davor geschrieben habe, ergänze ich ihn heute auf dem nagelneuen MacBook Pro. Der iMac wird gerade im Mac-Shop durchgecheckt und anschließend verkauft. Natürlich ist auf dem Notebook alles ein wenig kleiner – aber kleiner heißt auch energiesparender. Die schlanken Dimensionen und vor allem die Mobilität wiegen den Nachteil locker auf. Ich kann jetzt völlig ortsungebunden arbeiten und auf meine Daten zugreifen! Schließlich lässt der mobile Rechner sich auch schnell mal vor die Badewanne stellen, um einen Film zu gucken.

Zurück zum damaligen Unterfangen: Bei mir wanderten in der Küche alsbald alle Utensilien von der Arbeitsplatte in die Unterschränke. Ich reduzierte die Dinge in diesen solange, bis die oben stehenden Objekte wie Wasserkocher und Brotbox Platz fanden. Selbst Spüllappen nebst Bürste packte ich in einer Kunststoffschale unter die Spüle. Fertig! Oberschränke habe ich ohnehin nicht, wegen der Dachschrägen. Optisch wirken solche Möbel viel größer als sie sind, weswegen ich mir selbst in einer Küche mit geraden Wänden niemals Oberschränke einbauen würde. Möbel sollen niedrig sein, die Luft oberhalb brauchen wir zum Atmen.

Selbiges Prinzip gilt im Büroraum für den Schreibtisch. Am Abend nach getaner Arbeit verschwindet alles im Container darunter, sodass der Tisch frei ist und am nächsten Arbeitstag erfrischend neu bespielt werden kann. Ist schließlich auch mein Esstisch. Die Arbeitsplatten sind immer komplett frei – welch Anblick ... die Außenhaut der F-22.

BÜCHER UND ANDERE MEDIEN

MEINE BIBLIOTHEK WIRD RIESIG SCHÖN BEFUNDEN,
HAB' ZWÖLFHUNDERT BÜCHER, PRÄCHTIG EINGEBUNDEN,
LINKS FÜNFHUNDERT ROTE, GRAUE, GRÜNE, GELBE –
RECHTS VON GLEICHER GRÖSSE GANZ GENAU DASSELBE,
MITTENDRIN ZWEIHUNDERT STÜCK IN BLAU –
JA, DIE DECKEL KENN' ICH GANZ GENAU.
(OTTO REUTTER)

Zu den Büchern stelle ich dir zu Beginn zwei Fragen. Beantworte sie für dich heimlich und ehrlich: »Warum hebst du deine gelesenen Bücher auf? Wie viele Bücher, die du besitzt, hast du zweimal oder mehrfach gelesen?« Erlaube dir – nur wenn du magst – auch einen flüchtigen Blick aufs Ego: So ein prall gefüllter Bücherschrank mit den dicken deutschen Klassikern macht vor Besuchern schon einen verdammt belesenen Eindruck! Oben habe ich eine amüsante Liedstrophe eingefügt, die mir dazu in den Sinn kam. Populär war sie in den Goldenen Zwanzigern und ist vom Kabarettisten Otto Reutter.

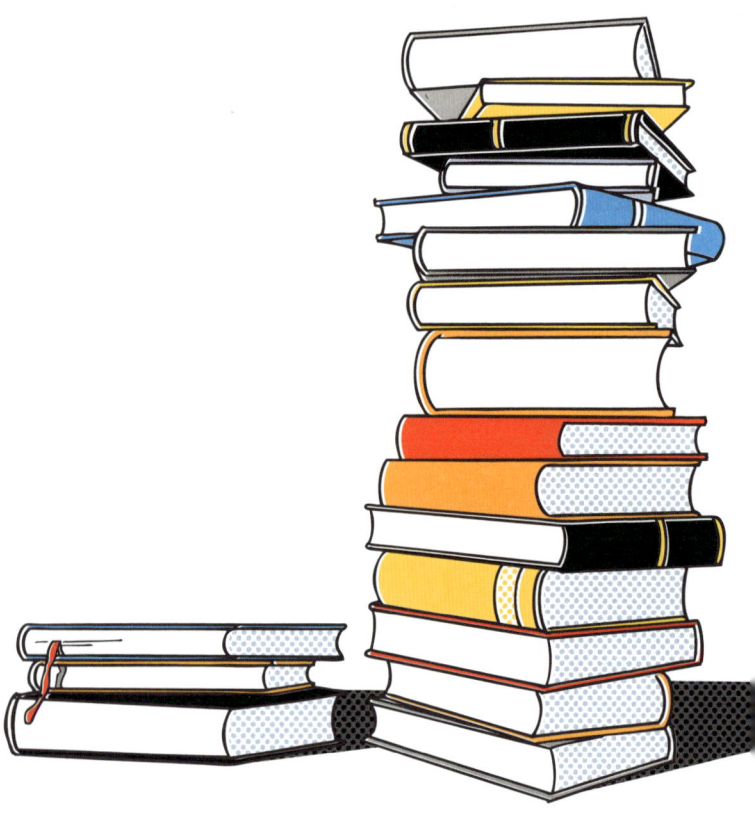

Fangen wir mit Sachbüchern an. Für die jüngeren Leser: Lexika (so die Mehrzahl von Lexikon) sind Nachschlagewerke oder Wörterbücher. Lange, lange Zeit lagen diese nur in Buchform vor.

Meine Eltern gehörten leider zu den Unglücklichen, die sich just vor dem großen Durchbruch des Internets noch den großen und sündhaft teuren Brockhaus in 20 Bänden, ledergebunden mit Goldschnitt, angeschafft haben – wenig später war der nicht mehr das Papier wert, auf dem er gedruckt gewesen ist. Solche Sachen passieren eben, das ist die Schattenseite von disruptiver Innovation, wie zum Beispiel dem Internet. Es macht für mich keinen Sinn, hier in Nostalgie zu verfallen. Bei mir läge der ganze Kram schon längst beim Altpapier. Da ist unverschuldet viel Geld den Bach runtergegangen, doch wir wurden millionenfach dafür entschädigt durch eine Institution wie Wikipedia. Das Wissen der ganzen Welt für lau. Mann, war das hart im Studium, wegen jeder kleinen Wissenslücke zur Bibliothek radeln zu müssen. Positiv ausgedrückt: Unwissenheit machte fit. Liebe Kids, alle Infos kriegt ihr heute auf dem silbernen »tablet« serviert!

Über die Aufbewahrung von Belletristik können wir streiten. Ich will dir da auch nicht in deine Emotionen reinreden, falls du an deinen Büchern hängst. Es ist so ein bisschen wie bei den schon diskutierten Geschenken, sie sind emotional aufgeladen. Das Wichtige sind jedoch auch hier die Gefühle, nicht die Objekte, die die Gefühle hervorrufen. Deswegen verzichte ich gerne auch auf diese Gegenstände.

Ich besitze momentan zwei Bücher: Eines davon ist ein Reimlexikon, denn ich schreibe eigentlich ungern Prosa. Bisherige schriftliche Äußerungen meinerseits waren bislang in gebundener Sprache, Lyrik mit wenigen aber sehr gewählten Worten – wundert es dich? Warum aber ein gedrucktes Lexikon? Ich bin der Ansicht, man findet manchmal schneller das passende Wort in der begrenzten Auswahl auf Papier, als in den unendlichen Wortangeboten des Internets – zumindest was gängige Silben anbelangt. Das zweite Buch heißt »Grün in München« und beschreibt sehr detailliert alle größeren Grünanlagen, Parks und Brunnen – vielleicht das Besondere an dieser Stadt. Landschaftsarchitektur ist auch eine Leidenschaft von mir. Im Netz findest du Beschreibungen dieser Art nicht so geballt an einem einzigen Ort. Die Pauschaltouristen meinen immer, in München gäbe es das Oktoberfest, den Marienplatz mit Glockenspiel und den südlichen Englischen Garten. Da ist aber unendlich mehr!

Auch hier ein Vorgriff zur Entsorgung: Alle übrigen Bücher, die ich besaß, habe ich übers Internet bei Momox und Co. verkauft – das funktioniert bei Büchern fast so einfach, wie neue zu bestellen. Die einzige Krux ist, dass es einen Mindestankaufswert von zehn Euro gibt, das heißt, du musst die Bücher so lange lagern, bis du eben diesen Wert erreichst. Ich warte heute allerdings gar nicht mehr auf diesen Zeitpunkt. Wenn ich ein Buch kaufe, lese ich es und verschenke es meist gleich im Freundeskreis weiter. Ich überlege einfach, zu wem das Werk passen könnte. Falls ich keinen ausmachen kann, gibt es mittlerweile die öffentlichen Bücherschränke der Stadt, die so groß wie die früheren Telefonzellen sind. In München sind sie in allen Stadtteilen aufgestellt. In diese kann jeder Bücher einstellen oder kostenfrei entnehmen – eine klasse Sache!

Zu anderen Medien: Ich bin bei Trends, vor allem bei technischen, weiß Gott nicht der Erste, der sich etwas anschafft, sobald es am Markt ist. Ich schaue erst ein wenig, was sich durchsetzt, sinnvoll ist und vom Preis alsbald erschwinglich wird. Es gibt allerdings eine Ausnahme, bei der ich stets meiner Zeit voraus war: Tonträger.

Als in den späten 1980er-Jahren die CD auf den Markt drängte, spürte ich sofort, dass dies die Zukunft ist. Ich verkaufte unmittelbar meine komplette Vinylsammlung, damals noch im Bekanntenkreis, denn das Internet gab es ja noch nicht. Viele hielten noch zehn Jahre an LPs fest und freuten sich, diese günstig erwerben zu können. Mit dem Erlös der Platten konnte ich zumindest teilweise den Neuerwerb aller Alben als CDs finanzieren. Parallel wurde die Anlage mit Plattenspieler und Tapedeck veräußert und durch eine edle, jedoch spartanische ersetzt, die lediglich über einen CD-Player, ein Radio und einen fetten Verstärker verfügte. Die Boxen blieben, die klangen nach wie vor super.

Und auch die nächste Evolution antizipierte ich. Ab der Jahrtausendwende begann das MP3-Format physische Tonträger zu verdrängen. Ich verbrachte mehrere Tage, um alle CDs in iTunes einzulesen und verkaufte im Anschluss den kompletten Bestand bei Momox. Zu dieser Zeit gab es zwar keine guten Preise, aber immerhin noch Geld für gebrauchte Discs. Mit Aufkommen der Streamingdienste war dies dann auch vorbei. Sinnigerweise ging die Stereoanlage inklusive der geliebten Rogers-Boxen zu einem Gebrauchthändler für Hifi-Geräte. Diese Lautsprecher hatten mich annähernd zwanzig Jahre lang begleitet und brachten selbst nach dieser Zeit noch einen kleinen Ankaufspreis. Ich besaß sogar noch die Rechnung sowie die Originalverpackungen, was den Händler sehr verblüffte. Das Ende einer Ära. Einige meiner engeren Freunde fragten verwundert: »Du hast deine Rogers-Boxen verkauft?« – »Jap!«

DIGITALISIERE ALLES!

Für diesen Einstiegstext habe ich tatsächlich schnell mal mein im Abschnitt davor beschriebenes Reimlexikon gezückt, um zu sehen, was sich auf Bytes oder Bits reimen könnte … na klar: Besitz!

Doch zum Thema – ich hab es im Buch teilweise schon angesprochen: Versuche so viel wie irgend möglich digital aufzubewahren. CDs, Schallplatten, Bücher, Fotos, Dias, Briefe, Verträge, Garantien, Rechnungen, Versicherungen, Manuals, Belege usw.

Noch ist es leider nicht so, dass das digitale Abbild das Dokument juristisch ersetzt. Unterlagen, die zum Beispiel für Rente und Steuer relevant sind, hebe ich im Original auf. Ich habe hier allerdings mit engem Maßstab jedes Schriftstück geprüft, welche Wichtigkeit es denn wirklich hat. Sämtliche Zeugnisse zum Beispiel existieren nur noch als Daten, Verträge ebenso, nostalgische Urkunden und Ähnliches gar nicht mehr. Leider muss ich als Selbstständiger alle Belege zehn Jahre im Original aufbewahren. Hierfür habe ich mir zehn Leitzordner beschafft, in denen das Material abgeheftet ist. Jedes Jahr mache ich den ältesten für das kommende Jahr wieder frei. Die zehn Akten füllen genau einen Umzugskarton.

Architekturpläne ließ ich mit einem Großformatscanner digitalisieren. Hier habe ich alle Originale weggeworfen, und das obwohl es sich hierbei um mit Tuschestift händisch bezeichnetes Transparentpapier handelte – eine nostalgische, aber längst ver-

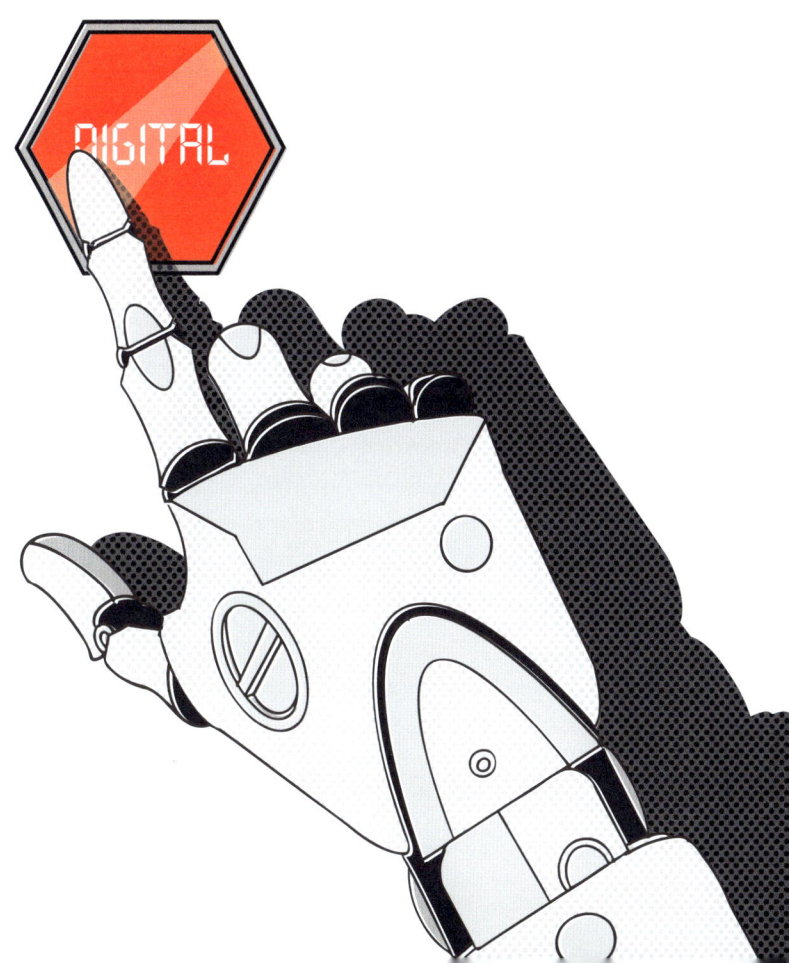

gangene Ära. Bei Zeichnungen und Malerei funktionieren Scans leider nicht, das kommt nicht annähernd an das Original heran. Ich habe deshalb immer wieder aussortiert, bis meine absoluten Lieblingswerke aus verschiedenen Lebensabschnitten in einem einzigen DIN-A1-Zeichenkoffer Platz fanden. Es genügt wirklich, nur die besten Werke eines Zeitabschnittes oder einer Sammlung zu bewahren, das macht sie sogar noch wertvoller.

Eine Freundin von mir, die gerne minimalistischer leben würde, hat unendlich viele Fotos, Dias und Negative aus der Analogzeit, die sie chronologisch in Umschlägen in einer langen Reihe von Schachteln aufbewahrt. Das Material ist so umfangreich, dass sie einfach keinen Weg findet, mit der Reduktion zu beginnen – die schiere Masse erschlägt sie. Hier griffe zum Beispiel eine einfache Vorgabe, wie aus jedem Umschlag nur die zehn interessantesten Bilder zu digitalisieren und sich vom Rest zu verabschieden. Gerne würde ich meine Freundin bei diesem Auswahlprozess unterstützen, denn im Gegensatz zu ihr hätte ich genügend Abstand, um die Bilder zu priorisieren. Gegen ihre Emotionen beim notwendigen Loslassen bin ich jedoch machtlos. Ich kann diesen Satz nicht oft genug wiederholen: Bevor du anfängst, deine Sammlungen zu digitalisieren bzw. archivieren, reduziere sie. Du kommst sonst in Zeitnot. Ich will an einem Beispiel das Vorgehen genauer erklären.

Von einer Reise nach Südafrika vor vielen Jahren besaß ich 72 Analogaufnahmen, also Papierbilder. Diese sollten nun digitalisiert werden. Ich legte alle Bilder auf dem Fußboden aus und sortierte erst mal alles aus, was von der Fotografie her nicht besonders überzeugend war. Im zweiten Durchgang folgten Fotos, die ungefähr den gleichen Bildinhalt hatten. Hier behielt ich immer nur das bessere. Im dritten Durchgang legte ich die reinen Landschaftsaufnahmen zusammen und behielt nur die fünf besten, gleiches galt für die 15 besten Personenaufnahmen.

Am Schluss blieben demnach 20 Bilder übrig, die ich manuell scannte. Bei 70 wäre dies schon ein größeres Unterfangen, wenn du keinen automatischen Einzug besitzt. Im gleichen Stil verfuhr ich mit allen anderen Fotostapeln aus der Analogzeit. Je öfter du so etwas machst, umso schneller wirst du. Es hat noch ewig gedauert, den beschriebenen Afrikastapel durchzuarbeiten. Heute reduziere ich eine Fotosammlung in maximal einer Stunde, wobei die heutigen digitalen Sammlungen um ein Vielfaches umfangreicher sind. Das mühselige Scannen entfällt zum Glück komplett.

EINZELSTATEMENTS

ES FÄLLT DEM MENSCHEN MEHR AUF, WAS IHM FEHLT,
ALS DAS, WAS ER BESITZT.
(JOHANN WOLFGANG VON GOETHE)

Ich nehme hier noch ein paar Einzelstatements auf, die zum Teil
schon in den anderen Methoden Anklang fanden. Die Frage: *»WIE
OFT HAB ICH DAS IM JAHR GEBRAUCHT?«*, die kannst du dir
bei jedem Objekt stellen – insbesondere bei denen, die dich zum
Zweifeln oder Verzweifeln bringen. Keinmal ist stets ein Indiz,
dass keine Notwendigkeit zum Aufbewahren besteht. Verabschie-
de dich! Ich habe im Laufe der Zeit sogar gering genutzte Gegenstände aufgegeben, zum Beispiel Zelt, Isomatte und Schlafsack. So
etwas kann man leihen oder improvisieren. Für die nicht allzu
extremen Wintersportler hier eine Empfehlung: Leihe dir jährlich
top gepflegtes, modernes und sicheres Material einfach für die ein
bis zwei Wochen, in denen du fährst. Ich habe den Wintersport
inzwischen ganz aufgegeben, nicht nur, jedoch auch, weil er so
materialintensiv ist.

Ich habe früher mit meiner Mutter oft darüber diskutiert, wie viele Sitzgelegenheiten man denn haben sollte. Du kannst nur einen Stuhl besitzen, sonst sitzt du zwischen den Stühlen. Nein, Scherz. Meine Mutter hält stets so viele Polstermöbel vor, dass sie bei einem Verwandtschaftstreffen in denkbar größter Runde jedem einen Sessel anbieten kann. Also im konkreten Fall: Bruder mit Frau und drei Kindern, Vater, sie selbst und ich – damals noch mit Freundin.

Also neun. Deswegen stehen bis heute Polstermöbel für diese Anzahl im Wohnzimmer.

Das Verwandtschaftstreffen in maximaler Besetzung kommt aber höchstens alle paar Jahre zustande. Ich kann mich gar nicht erinnern, wann in den letzten Jahren alle gleichzeitig bei meinen Eltern waren. Die letzten Treffen fanden allesamt in Gastwirtschaften statt. Die haben sogar noch mehr Sitze. Lange Rede, kurzer Sinn: »*BEMISS DAS MOBILIAR IMMER AM NORMALFALL UNTERM JAHR UND NICHT AN SONDEREREIGNISSEN!*« Improvisiere bei den Ausnahmen – frag zum Beispiel beim Nachbarn nach einem bequemen Stuhl.

Auch das wiederhole ich gerne noch mal hier: Stell dir bei Zweifeln die Frage: »*WAS WÜRDE ES KOSTEN, DEN GEGENSTAND WIEDER ZU BESCHAFFEN?*« Bei allen Dingen, die keinen ideellen Wert haben, lassen sich der Sachwert und die Verfügbarkeit recht genau messen. Sind beide Werte tragfähig, erwartet dich also im ungünstigen Fall einer Fehlentscheidung nur der einkalkulierte Schaden. Diese Bewertung fand ich immer sehr beruhigend. Eingetroffen ist der ungünstige Fall mehr oder weniger nie!

»*WENN WAS REINKOMMT, MUSS WAS RAUS.*« Das ist auch ein beliebter Leitsatz von mir. Gilt vor allem für Textilien. Wenn du eine neue Jacke kaufst, gib die alte weg. Du wirst sie sowieso nicht mehr anziehen, denn in ihrem Verschleiß liegt der Grund, dass du dir eine neue angeschafft hast. Wenn du da konsequent bist, kann dein Kleiderschrank nie aus den Fugen geraten. Das Volumen des Inhaltes bleibt stets konstant. Ich bitte gerade die Damen, über dieses Statement nachzudenken. Ist es möglich, bei der Anschaffung eines neuen Teils etwas mit ähnlichem Volumen aus dem Sortiment zu entfernen? Oder wenn du dir neue Schuhe leistest, kann das ungeliebteste Paar aus der Kommode fliegen … selbst wenn es das ist, das du noch nie getragen hast? So stehst du dann nach wie vor vor einer modischen Auswahl und kannst, falls du magst, genauso oft shoppen wie bisher.

Ich erwähnte es bereits bei Büchern und formuliere es jetzt als Statement: »*GIB ES NACH GEBRAUCH WEITER!*« Für jeglichen Lesestoff ist das Motto für mich heute selbstverständlich, aber es ist durchaus auch erweiterbar auf andere Objekte. Wenn du zum Beispiel kein Heimwerker bist, du dir jedoch irgendwelches Material oder Werkzeug für eine Reparatur besorgen musst, schenke es nach der Verwendung einem, der regelmäßig damit arbeitet. Falls du es dann noch mal brauchst, leih es dir wieder von ihm. Eine sehr soundstarke MP3-Box von mir steht bei uns im Sportverein zur freien Benutzung für jeden, der mit Musik trainieren will. Falls ich sie selbst mal brauche, hole ich sie mir aus der Requisitenkammer. Das Schöne ist, dass viel mehr Menschen so etwas von dem Gerät haben.

Vorletzten Sommer habe ich endlich mal mit einer Freundin den Schlauchboottrip auf der Isar von Wolfratshausen nach München gemacht. Der ist hier sehr beliebt und eigentlich sollte man ein robustes Boot benutzen, denn viele unterschätzen die Kraft des Flusses. Da wir aber in jenem Jahr im Jahrhundertsommer einen extrem niedrigen Wasserstand hatten, war das Risiko überschaubar. Ich habe leider nicht sehr viele Freunde, die an einem Werktag die Frage »Hi, hast du Lust im Boot die Isar runterzufahren, ich würde jetzt ein Boot kaufen, dann könnten wir im Anschluss mit der S-Bahn rausfahren und gegen 14 Uhr ablegen – bist du dabei?« mit »Ja« beantworten. Aber in diesem Fall hat es geklappt. So besorgten wir im Baumarkt ein günstiges Boot, nebst Paddel und Pumpe und es ging zum Startpunkt. Ich nahm vorsorglich zum Proviant einen Edding mit und schrieb, nachdem wir in München glücklich aus dem Boot gestiegen waren, auf den Bootsrand: »Zu verschenken – have fun too!« Das Boot stellte ich unter eine Brücke, es war alsbald weg. Es gibt Dinge, die macht man bewusst nur einmal im Leben, ich überspitze mal: Wenn du eine Antarktis-Durchquerung planst, gib, falls du überlebst, das Equipment dem Nächsten, der es versuchen will.

»*BRING DIE LAWINE INS ROLLEN.*« Es fängt mit einem kleinen Schneeball an, ich weiß, der Anfang ist schwer. Vergleich es mit einer Diät. Bei starkem Übergewicht wird der erste Abnehmerfolg von einigen Pfunden nicht auffallen. Viele Kilos sieht man dann allerdings schon. Ich weiß nicht, von welchem Level du die Reduktion deiner Habseligkeiten starten wirst, bei starken Sammlern wird dieser eben geschilderte Sachverhalt auch zutreffen. Dennoch gibt es einen gewaltigen Unterschied. Du wirst im Gegensatz zur Diät keinerlei körperliche Leiden haben, keinen Dauerhunger, keine Fressanfälle und auch keinen Jo-Jo-Effekt. Es ist eben nur materieller, angehäufter Besitz im Außen und kein Teil deines Körpers (abgesehen von problematischen Merksätzen im Kopf).

Verschlankung ist hier vergleichsweise easy. Je länger du dranbleibst, umso mehr Ergebnisse werden sichtbar. Ich habe das so oft erlebt, dass hier ein Fach frei und dort ein Möbel überflüssig wurde. Dann passten plötzlich doch alle Gegenstände in den besagten Schrank, alles ging in eine Schublade und diese ließ sich sogar schließen. Dann beginnt es, Spaß zu machen. Die erzielten Ergebnisse zeigen sich immer deutlicher, je länger du dabei bist. Die Zeit, die ich für Pflege und Ordnung der weggegebenen Dinge sparte, habe ich gleich in die weitere Reduktion investiert. Das ist die rollende Lawine.

»SCHÄTZE DIE EINFACHEN, ABER GENIALEN DINGE.« Mich begeistern Erfindungen wie das Fahrrad. Geniale Lösungen sind immer einfach. Ich schlage mit dem Rad den weltbesten Marathonläufer auf die Distanz, ohne externe Energie zu verwenden, wie geil ist das denn? Für mich immer noch eine der bahnbrechendsten Erfindungen. Hebel, Räder, Flaschenzüge sind Meilensteine. Welch Effizienz, insbesondere wenn dem Mensch nur seine eigene Energie zur Verfügung steht. Also: Lieber ein Fahrrad als ein SUV und lieber ein Park als ein Parkplatz!

ALLES RAUS – SIMULIERE EINEN UMZUG!

ICH FÜRCHTE NICHTS, WEIL ICH NICHTS HABE.
(MARTIN LUTHER)

Die Methode, die ich dir abschließend hier beschreibe, ist vermutlich die radikalste. Ich habe sie selbst nicht angewendet. Du findest sie jedoch bei einigen Beiträgen zum Thema Minimalismus in den Medien, insbesondere bei den reißerischen Formaten, bei denen es um Challenges geht und das Ganze einen gewissen Unterhaltungswert haben soll. Es gibt neben TV-Sendungen und Youtube-Channels auch Kinofilme, die in diese Richtung zielen.

Vielleicht ist die Alles-raus-Methode hilfreich für Leute, die gar nicht wissen, wie und wo sie beginnen sollen. Deswegen möchte ich hier kurz auf sie eingehen. Du kannst sie zimmerweise anwenden oder dir gleich den ganzen Wohnungs- bzw. Hausstand vornehmen. Räume alles aus, zum Beispiel in den Keller oder in ein externes Lager. Dann hole dir täglich das zurück, was du im Moment benötigst.

Bei einigen TV-Formaten dürfen die Leute sogar nur einen Gegenstand pro Tag zurückholen, am ersten Tag müssen sie das folgerichtig nackt machen … wie gesagt, es geht dort um Unterhaltung. In diesem Buch soll es nicht um Show gehen, es bleibt jedoch ein erwähnenswerter Aspekt bei der ganzen Zeremonie: Du lernst in der Tat sehr realitätsnah, welche Objekte du wirklich brauchst und welche du nicht vermisst. Das ist eine gute Sache.

In einer abgespeckten Version kann ich mir durchaus vorstellen, dass Entscheidungsgehemmten mit dieser Methode tatsächlich geholfen werden kann. Räume zum Beispiel doch mal deine komplette Küchenausstattung in den Keller und hol dir täglich das zurück, was du vermisst. Durch das häufige Treppensteigen kannst du in dieser Zeit auch dem Fitnessstudio fernbleiben. Das Geschirr, welches sich nach einigen Wochen noch immer im Keller befindet, hat auf dem Flohmarkt mehr Potenzial!

Abschließend sei festgestellt: Egal welche Reduktionsmethode du wählst, unterm Strich geht es immer darum, zu identifizieren, welche Dinge für dich noch tatsächlich Nutzen haben. Lass dich da auf Experimente ein, denn der Erfahrungsgewinn wird dir die Augen öffnen, was in deinem Leben wirklich einen Platz verdient. Gib den Teller weg und du wirst sehen, dass du plötzlich über seinen Rand hinausblickst.

WO LICHT IST,
IST AUCH SCHATTEN

DU LEBST NICHT FÜR DICH ALLEIN AUF ERDEN.
(JOHANN HEINRICH PESTALOZZI)

Ich las mal in einer Kontaktanzeige, dass sich eine Dame keine Zuschriften von vegetarisch oder gar vegan lebenden Männern wünschte. Sie esse gerne und sie wollte keinem Mann gegenübersitzen, der sich mit einem Salat begnüge, wenn sie Rinderfilet bestelle. Essen, verg-essen, der Satz blieb mir im Gedächtnis. Die Dame scheint schon ein Problem mit solch einem Partner zu haben, allein weil er so isst. Erinnert mich doch an die Raucher, die froh sind, wenn sie auf der Party außen stehend auf Gleichgesinnte treffen und die feuchtfröhliche Gesellschaft, die den Nicht-Trinker als Spaßverderber brandmarkt, um nicht brandymarkt zu sagen.

Da wäre zu untersuchen, wer denn nun ein Problem mit wem hat. Wer plötzlich einen Spiegel vor die Augen bekommt und un-

bewusst erkennen muss, dass er mit seiner eigenen Lebensweise doch nicht so ganz d'accord ist, neigt zu solchen Äußerungen.

Auf meinem Weg in den Minimalismus habe ich ähnliches Verhalten des Öfteren vernommen: Unverständnis, Desinteresse, auch Spott über meine Haltung. Eine ganze Reihe an Kollegen, Bekannten, Verwandten, Freunden bezeichnen mich als merkwürdig, wobei ich dies im Wortsinne des Merkens würdig mittlerweile als Kompliment sehe. Mein Ziel ist es ja, mit meinen Ideen im Gedächtnis zu bleiben. Es kostet jedoch Kraft, dauernd gegen den Strom zu schwimmen. Bei manchen entstand bislang kein Verständnis, kein Sinn für die Ideen dahinter. Vielleicht gelingt es ja mit diesem Werk, vermutlich sehe ich die Dinge heute einfach anders. Ein Buddhist sagte mir einmal, dass die gegenteilige Meinung zu deiner Überzeugung genauso richtig sei.

Eine flüchtige Bekannte schrieb mir gar: »Deine Wohnung strahlt keinerlei Persönlichkeit aus, das würde mir nicht genügen.« Ich finde das unverständlich, denn ich habe mich über zwanzig Jahre mit der Besitzfrage auseinandergesetzt, sie spiegelt geradezu meine Persönlichkeit. Die Hinwendung zum Immateriellen als »nicht mehr vorhanden« einzustufen, nur weil Persönlichkeit physisch nicht wahrnehmbar ist, finde ich unreflektiert. Wenn wir dazu neigen, den Charakter einer Person von den Dingen, die sie besitzt, abhängig zu machen, sind wir gleich wieder bei den Statussymbolen. Falls du dir einen schicken Ferrari zulegst, um bei anderen zu punkten, wirst du feststellen, dass die Leute, die dich hierfür bewundern, nicht dich, sondern deinen Ferrari mögen.

Es gibt auch Statements, die ich erst mal für durchaus interessant halte. Sie gehen in die Richtung, dass ich die Leere im Außen nur generiere, weil ich im Inneren wohl im Chaos lebe. Okay, mag sein. Auf der anderen Seite sehe ich dann das Gegenteil bei meinem Gegenüber: Er schafft sich eine Welt voller greller Reize im Außen, weil er im Inneren nur Leere fühlt. Jetzt ersetze ich noch den Begriff »inneres Chaos« durch »kreative Fülle« und fühle mich als Designer plötzlich pudelwohl auf dem Gegenpol.

Richtig ist allerdings, dass für Besucher die Gemütlichkeit der Wohnung schnell im leeren Raum verlorengeht. Das ist definitiv eine Schattenseite. Die Leere müssen wir in unserer Überflussgesellschaft erst wieder ertragen lernen. Hier habe ich noch keine optimale Lösung gefunden, bislang überbrückt die bunte Couch, die mittlerweile auch schon mehrfach zum Einsatz kam. Vielleicht lasse ich mich irgendwann noch zu einem kleinen Beistelltisch, einem Wandtattoo und einer Pflanze hinreißen, um eine Besucherecke zu generieren.

Denn, wie im Laufe des Buchs schon beschrieben, habe ich Menschen mit meinen Überlegungen und der Radikalität der Umsetzung überfahren. Eltern, Verwandte, Freundinnen litten unter meinem egozentrischen Verhalten. Keine Mitbringsel, keine Geschenke, keine Kompromisse, ich behandelte Mitmenschen zwar stets, wie ich selbst behandelt werden wollte, aber in diesem Falle war vermutlich genau das der Fehler. Weil ich dem Thema so nahe stehe, predigte ich es wahrscheinlich auch. Dies kann mit dem Buch hier nicht passieren, du kannst es jederzeit zuklappen.

Noch mal kurz zu den Religionen. In den fünf großen gibt es ausnahmslos Reliquien, um die ein riesiges Tamtam veranstaltet wird. Selbst im Buddhismus, wo ich sie am wenigsten vermutet hätte. Ich bin überzeugt, Siddhartha ist auf keine der unzähligen dicken Buddha-Statuen im fernen Osten erpicht. Bei den Christen: Als 2019 das Dach von Notre Dame abbrannte, war die segensreichste Nachricht nach der Löschung, dass alle Reliquien aus der Kirche gerettet werden konnten. Warum benötigen wir diese materiellen Dinge in einem spirituellen Umfeld? Um das Immaterielle zu belegen? Etwas, das wir sehen, fühlen, an das wir uns buchstäblich klammern können? Einen Beweis, der den per Definition unbeweisbaren Glauben doch ein wenig bestätigt, vor allem, wenn es Restzweifel ob der Richtigkeit gibt? Ich muss es nicht begreifen, auch das ist wörtlich gemeint!

KAPITEL 3: WOHIN?

VERKAUFE, VER-
SCHENKE, RECYCLE!

WAS MAN SCHON HAT, MACHT NICHT SATT,
MAN ZÄHLT UND ZÄHLT, WAS NOCH FEHLT.
(JOSEPH SAMI TAUBER)

Bei Schlagersängerin Ella Endlich heißt das »Halt mich – küss mich – lieb mich.« Auch erstrebenswert, doch hier singe ich dir das Lied »Verkaufe – verschenke – recycle« und zwar genau in dieser Reihenfolge. Schau dir die ausgemusterten Artikel in deiner Kiste an und finde heraus, ob und an wen du diese veräußern könntest. Ein paar Beispiele aus meiner Praxis: Bücher und Tonträger gingen zu Momox, Musikanlage zum Gebrauchthändler für HiFi, Möbel zu einem Gebrauchtmöbelhändler, Fahrrad zu einem Secondhand-Radgeschäft, für Computer und Handys gab es auch Online-Plattformen bzw. Second-Handy-Läden, die ankauften. Der Möbelhändler schloss allerdings irgendwann seinen Betrieb, daraufhin hab ich weitere Möbel und Küchengeräte im Freundeskreis angeboten, zum Beispiel im Verteiler meiner Sportgruppen. Kleinanzeigen on- und offline, Zeitungen in der Art von »Kurz & Fündig«. Amazon und Ebay funktionieren auch, erfordern jedoch etwas Aufwand und Wartezeit. Ich bin bei Ebay Leuchte, TV und Gra-

fikmaterial losgeworden. Da ich auf dieser Plattform nicht sonderlich firm bin, habe ich mir von einem Dienstleister helfen lassen. Auch gut erhaltene, wertvolle Mode lässt sich, glaube ich, inzwischen über Plattformen verkaufen, da musst du mal bei den weiblichen Minimalisten nachfragen.

Lohnt sich das finanziell? Das ist nun auch wieder Typsache. Bei mir war stets Priorität, die Objekte schnell und möglichst auf einen Schlag loszuwerden, der Preis war sekundär. Ich hatte das höhere Ziel vor Augen, das Geld war mir relativ egal. Bei den Dingen, die ich im Freundeskreis anbot, schrieb ich meist »Gegen Spende« dazu – ich überließ also die Höhe des Betrages dem potenziellen Käufer. Bei den professionellen Verkäufen habe ich auch nicht lange gefeilscht, das ist einfach nicht mein Ding. Ich mag schnelle Abschlüsse, 3-2-1 – deins! Nimm's mit und werd' glücklich, ich bin's, wenn's weg ist. In der Gesamtheit aller Verkäufe kam dennoch ein hübsches Sümmchen zusammen, dies erwähnte ich schon im ersten Teil des Buchs.

In diesem Zusammenhang gehören auch noch Floh- und Secondhand-Märkte erwähnt. Falls du der Typ dazu bist, kann so ein Event ja auch richtig Spaß machen, besonders wenn es zusammen mit Freunden und Fressalien stattfindet. Ich habe allerdings damit nie gearbeitet, weil es mir zu lange dauert.

Wenn die Verkaufsrunde gestemmt ist, liegen in deiner Kiste Dinge, die nicht oder nur schwer zu veräußern sind. Zu alte Bücher, CDs, unmoderne Elektronik, billige Möbel, Klamotten ... den Dingen gemeinsam ist, dass sie nicht mehr sonderlich wertvoll sind. Jedoch sind sie immer noch zu schade zum Wegwerfen. Hier machte ich mir ein menschliches Phänomen zunutze, welches mir erst im Laufe des Downgradings im ganzen Ausmaß bewusst wurde: Der Mensch nimmt erst mal alles mit, wenn es umsonst ist, und denkt erst dann darüber nach, ob er es auch brauchen könnte. Deswegen heißt es wohl »nach-denken.«

Hier schiebe ich schnell einen sehr wichtigen Absatz ein. Sensibilisiere dich parallel selbst und achte darauf, dass du aus dieser »Kostet-nix-nimm's-mit«-Mentalität herauskommst. Mache dir im Moment des Angebots bewusst, welches Objekt du dir da gerade aneignen willst. Werbe- und Kundengeschenke, Gratisproben,

Schnäppchen, Tombolapreise, Gewinne, Zugaben, Medaillen bei Wettkämpfen usw. Halte kurz inne, entscheide dich fürs Vordenken statt fürs Nachdenken – greife dann zu oder besser nicht. Dieses Verhalten musst du ein wenig üben, bis es automatisiert ist.

Und noch eine Geschichte hierzu. Ich bin zur Weihnachtsfeier von einer größeren Sportgruppe eingeladen worden und es sollte gewichtelt werden. Ist jetzt nicht unbedingt mein Ding, aber ich wollte diesmal kein Spielverderber sein, nachdem ich das Wichteln meiner Familie recht rigoros unterbunden hatte (sorry Michaela!). Also besorgte ich irgendein kleines Geschenk, verpackte es und legte es auf den Gabentisch. Schließlich bekam dann jeder ein anderes zugelostes Präsent, und wie das nun mal unter den Menschen ist, gibt es den großzügigen und den eher sparsamen Typus. Ich erhielt mein Präsent wohl vom ersteren, denn es bestand aus einem silbernen Cocktailshaker sowie einem zugehörigen gebundenen Foto-Rezeptbuch mit 100 Mixturen – alles war sehr hochwertig. Meine Nebensitzerin hingegen bekam eine recht kleine Tüte mit Weihnachtskeksen aus dem Reformhaus. Sie schielte etwas traurig zu mir herüber und meinte: »Wow, du hast aber schöne Sachen bekommen!« Ich blickte auf die Kekstüte in ihrer Hand, irgendwas mit Bio-Mandeln und entgegnete: »Sollen wir tauschen?« Sie schaute mich ungläubig an, ich war jedoch schon im Begriff, ihr das Tütchen aus der Hand zu nehmen und ihr meine Habe auszuhändigen … da haben ihre Augen geleuchtet!

Zurück zum Thema dieses Kapitels: Du hast nun also die Restmenge deiner aussortierten Sachen in der Kiste, die sich nicht verkaufen lassen. Ich weiß nicht mehr, wie oft ich in diesem Stadium damals Verschenkaktionen durchgezogen habe. Wenn du in einer belebten Straße wohnst, stell die Objekte am besten am Samstagmorgen schön drapiert vors Haus mit einem großen Schild: »Alles zu verschenken!« Ich war immer verblüfft, wie schnell die Kisten leer waren.

Doch so wirkungsvoll dieses Vorgehen auch ist, in einigen Kommunen ist es leider nicht erlaubt, Gegenstände, die man verschenken will, auf öffentlichen Flächen abzustellen. Die Gemeinden interpretieren solches als nicht genehmigte Sondernutzung und ahnden ein Zuwiderhandeln als Ordnungswidrigkeit. Es ist traurig, trostlos, typische Bürokratie … denn der Schonung von Ressourcen und Müllvermeidung wird mal wieder weniger Beachtung geschenkt als der Wahrung des schönen Scheins. Für dich bedeutet dies: Mach dich im Vorfeld schlau und informiere dich, wie deine Gemeinde da tickt.

In jedem Fall ist es erlaubt, private Flächen zu nutzen, also zum Beispiel den Vorgarten, der an den Gehweg angrenzt. Falls du in dieser Hinsicht keine Möglichkeiten vor der eigenen Haustür hast, schau, ob du im Bekanntenkreis einen entsprechenden Platz nutzen darfst. Weiterhin gilt: Stell bitte keinen Müll raus, die Sachen sollen noch in Schuss sein und einen Gebrauchswert haben. Selbstredend müssen die Objekte so platziert werden, dass sie den Verkehr nicht behindern und keine Gefahr darstellen.

Und es gibt noch ein paar Tipps, die ich in Sachen Verschenken geben kann und will: Denjenigen, die eher in abgelegenen Wohnvierteln wohnen, empfehle ich, ihre Sachen an belebte Plätze zu bringen. Schreib dann bitte das Datum mit auf das Schild und dass du die übrig gebliebenen Sachen gegen Abend wieder abholen wirst. Tue dies auch!

Natürlich kannst du die Methode noch etwas raffinierter gestalten. Werkzeuge und Bastelkram stellte ich zum Beispiel vor den Hornbach, Unterhaltungselektronik vor den Saturn, Stifte vor die Schule usw. Ich kann mich nicht erinnern, dass ich jemals noch Dinge in den Kisten fand. Bis auf eine Ausnahme, auf die ich gleich noch komme. In der Regel kam ich mit der leeren Schachtel und dem Schild zurück nach Hause, manchmal waren noch nicht einmal mehr Schachtel und Schild aufzufinden.

Ich will dir noch eine Möglichkeit des »Verschenkens« zeigen. Mach ein humorvolles oder experimentelles Happening aus der ganzen Sache. Ich hatte früher einen digitalen Wecker, der durch das Handy obsolet wurde. Ich drapierte ihn samstags mitten in der Münchner City unter einer Statue am Marienplatz, damit jeder beim Anblick dieser auch gleich die Uhrzeit erfahre. Einer anderen Figur legte ich ein iPhone-Ladekabel um den Hals, da ich dieses doppelt hatte, ein Vorhängeschloss kam nebst Schlüssel an einen Fahrradständer. Wollte mal schauen, ob diese »Eastereggs« gefunden werden … oder ob ich sie wieder einsammeln müsste. Sie waren jedoch allesamt beim späteren Citybesuch nicht mehr vorhanden. Am meisten verblüffte mich das iPhone-Kabel, denn die Figur stand auf einer recht hohen Säule, man musste regelrecht zu ihr hinaufklettern. Beachte aber bitte unbedingt: Lass keinesfalls deine Objekte so lange in der Stadt liegen, dass sie die kommunale Müllabfuhr entsorgen muss!

Wenn du dich erinnerst, habe ich ganz zu Anfang des Buchs beschrieben, dass ich, mir für mein Jugendzimmer schmale Glasstreifen schneiden ließ, die ich auf schlichte Wandhalter gesetzt als Regale nutzte. Irgendwann hatten diese Möbel jedoch auch ausgedient. Ich machte deswegen eine Skizze, wie die Regale zu montieren sind und stellte Glas und Träger an die Straße. Glas hat immer etwas Edles und misst den Objekten, die auf diesem präsentiert werden, Wert bei. Jede Boutique weiß von dieser Wirkung. Ich ging davon aus, dass irgendeiner an diesen lange bewährten Regalen auch seine Freude hätte, wurde jetzt aber umgekehrt überrascht. Während ein sperriger Schreibtisch aus beschichteter Spanplatte im Holzdekor sowie billige Ikea-CD-Schränke sofort weg waren, weckte das Glas keinerlei Begehren bei den Passanten ... Es wurde zum einzigen Objekt, das niemand haben wollte, welches ich jedoch über die vielen Jahre als wertvoll und ästhetisch empfand. Ich glaube, manche Dinge sehe ich wirklich komplett anders.

Nun kann es natürlich sein, dass du Dinge aufbewahrst, die doch schon stark »drüber« sind. Alle Objekte, die ich verschenkt habe, waren stets noch in Schuss. Sollten deine Kisten abends nicht leer sein, geht es zum nächsten Schritt: Recycling.

Mit den nicht verschenkbaren Objekten kannst du zum Wertstoffhof fahren. Das habe ich im Übrigen auch mit den erwähnten Glasstreifen getan. Sie sind dort schlussendlich beim Fensterglas gelandet. In einer Großstadt wie München wird zum Recyceln nahezu alles angenommen. Es gibt Container für Holz, Metall, Textilien, Bauschutt, Elektro-Großgeräte und elektronische Kleingeräte, Farben und Lacke, Leuchtmittel, Sperr- und Sondermüll etc. So werden Wertstoffe immerhin noch in den Kreislauf zurückgeführt oder fachgerecht entsorgt.

Darüber hinaus gibt es an den Wertstoffhöfen in München auch noch Annahmestellen für Objekte, die die Stadt selbst in einem Gebrauchtwarenhaus verkauft, um mit dem Erlös soziale Projekte zu finanzieren. Gleichzeitig hilft es nicht wohlhabenden Menschen, günstig an Gebrauchtwaren zu kommen. Also auch auf diesem Weg kannst du gut Erhaltenes sinnvoll loswerden. Ähnliches gilt für Einrichtungen der Diakonie, des Roten Kreuzes usw. Mach dich einfach mal schlau, was in deiner Region angeboten wird und welche guten Zwecke damit finanziert werden. Die Kleidercontainer hatte ich bereits erwähnt.

Wichtig ist, dass du bei der Entsorgung deines Besitzes stets ein gutes Gefühl hast. Wenn du verkaufst, bekommst du Geld. Wenn du verschenkst, bereitest du Freude. Und Recycling ist immer noch beruhigender als Restmüll. Du bist viel schneller bereit, dich von Objekten zu trennen, wenn du gute Emotionen generieren kannst und somit das Statement »zum Wegwerfen zu schade« umschiffst.

DIE MAGIE DES FEUERS

WÜSST ICH MEIN HERZ AN ZEITLICH GUT GEFESSELT,
DEN BRAND WÄRF ICH HINEIN MIT EIGNER HAND.
(FRIEDRICH SCHILLER)

Einige Gegenstände habe ich keiner der bisher beschriebenen Entsorgungsmethoden zugeführt, ich habe sie also weder verkauft, verschenkt, noch recycelt. Ich habe sie verbrannt. Warum? Das ist ein mythologisches Momentum. Für mich ist es ein riesiger Unterschied, ob ich geliebte Objekte in den großen Gemeinschaftsmülltonnen hinter dem Haus entsorge oder diese in einer Art Zeremonie den Flammen übergebe.

Der Mythos des Feuers ist dem Menschen eigen, seit er es entfachen konnte. Naturvölker verbrennen ihre Toten und feiern dabei in einem rituellen Fest ihre Trauer. Als kleines Kind sah ich solch eine Szene im Fernsehen, wobei ich glaube, dass es sich nicht um eine Doku, sondern um eine nicht ohne Pathos verfilmte Karl-May-Geschichte oder Ähnliches handelte. Dies ist jedoch völlig egal, ich habe die Bilder dieses Rituals nie vergessen. Sie haben sich buch-

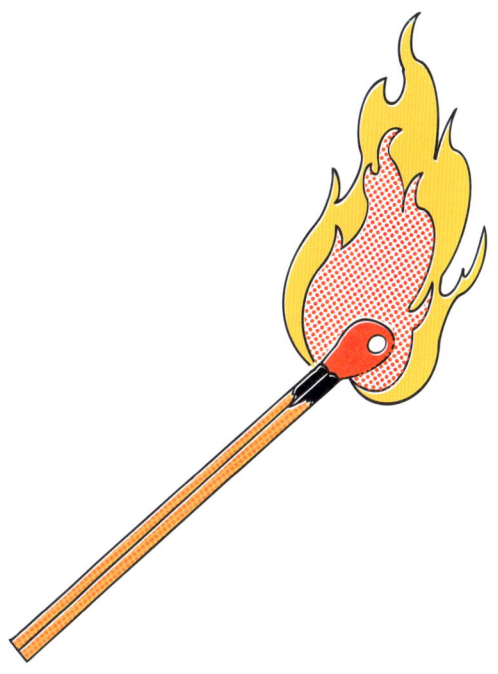

stäblich in mein Gedächtnis eingebrannt! Und genau dieses mache ich mir heute zunutze.

Ich habe im Laufe des Buchs über ganz persönliche Objekte wie Briefe, Gedichtealben, Zeichnungen, Architekturmodelle, die Diplomarbeit und später die Diplomurkunde selbst geschrieben. Hier fiel es schwer loszulassen, diese ideellen Objekte kann man auch nicht verkaufen oder verschenken. Mir hilft es, mich in kleinen Zeremonien an magischen Orten von besonderem Besitz durch Verbrennen zu trennen. Ich empfinde das bis heute als einen würdigen Abschied, den ich dir ans Herz legen möchte. Es hilft dir darüber hinaus, die Objekte verknüpft mit Moment und Ort für immer im Gedächtnis zu behalten, ohne sie aufbewahren zu müssen.

NACHWORT

DAS LETZTE HEMD HAT KEINE TASCHEN.
(DEUTSCHES SPRICHWORT)

Nun sind alle Kisten leer. Lange habe ich darüber nachgedacht, mit welchen Worten ich dieses Werk abschließen will. Bestenfalls soll das Nachwort die Quintessenz des Buches destillieren. So schrieb ich an mehreren Nachworten und kam von der Zusammenfassung der Kernthesen schließlich zu Konsum, Klima und Corona. Gerade in der Krise merken wir, wie schnell unser Streben nach ewigem Konsum obsolet werden kann. Ich will den Trichter jedoch nicht zu weit aufmachen. Große Veränderung entsteht aus der Addition vieler kleiner Veränderungen. Mach mit, vor – respektive hinter – der eigenen Haustüre zu kehren und deine Meinung zur Lage der Nation nicht nur mit dem Wahl-, sondern vor allem mit dem Einkaufszettel zu artikulieren! Lass den SUV beim Händler! Dass wirtschaftlicher Wohlstand unendlich wachsen muss, ist sowohl unnötig als auch ein Märchen. Zum Schluss greife ich auf ein schöneres zurück.

Leo Tolstoi erzählte uns einmal die Geschichte vom Hemd des Glücklichen: Ein König wurde unheilbar krank. Er ließ die Gelehrten kommen und fragte nach Rat, doch keiner konnte helfen. Nur einer präsentierte eine Lösung: Man müsse dem König lediglich das Hemd eines glücklichen Menschen anziehen, alsbald würde die Genesung erfolgen. Daraufhin sandte der König seine Boten aus, um einen Glücklichen zu finden, doch sie blieben erfolglos: Die Reichen waren krank, die Gesunden arm, die Übrigen hatten Probleme mit ihren Frauen oder Familien. Kurzum, alle beklagten sich über irgendwas. Die Boten hatten die Suche schon aufgegeben, da ging spätabends der Königssohn an einer armseligen Hütte vorbei. Und drinnen sagte jemand: »Gott sei Dank, meine Arbeit habe ich getan, zu essen gab es genug und ich lege mich nun glücklich zur Ruh', mehr braucht es nicht!« Erleichtert trat der Königssohn ein und bat den Mann, ihm sein Hemd zu verkaufen – er gäbe ihm, was er wolle. Da sprach der Arbeiter: »Mein Herr, es tut mir leid, aber ich besitze gar kein Hemd!«

»Nicht der Mensch ist glücklich, der am meisten besitzt, sondern der, welcher am wenigsten braucht. Wer mit Nichts zufrieden ist, der besitzt alles.«

(Diogenes)

Der würdevolle Tod als Ziel des Lebens

Die Konfrontation mit dem eigenen Sterbensweg und Tod gehört immer noch zu den Tabuthemen in unserer Gesellschaft. In zwölf Kapiteln lotet Andreas Hase aus christlicher Sicht die Möglichkeiten aus, in innerer Ruhe und Selbstannahme so früh wie möglich mit dem Erdenabschied umzugehen. Zahlreiche Bewusstwerdungen und Übungen helfen dabei. Dies ist kein trauriges Buch, sondern eine sensible Anleitung für ein intensiveres und tieferes Leben. Ein inspirierendes und fesselndes Leseerlebnis.

Andreas Hase
DER TOD MACHT LEICHT
208 Seiten · ISBN 978-3-485-02977-3

nymphenburger

kosmos.de/nymphenburger

Mit der Kraft des Mondes das Leben stärken

Irgendwann gelangen wir alle an einen Punkt, an dem wir uns die Frage stellen: Was will ich eigentlich von meinem Leben? Was ist der Sinn? Der Autorin Susana Garcia Ferreira erging es ebenso – und sie hat eine Methode entwickelt, dem eigenen Lebenssinn auf die Spur zu kommen: mit der Kraft der Intention. In ihrem Buch zeigt sie, wie man herausfindet, was die eigenen Intentionen sind und wie man immer wieder einen Zugang zu ihnen findet. Mit dem Rhythmus des Mondes gibt sie ein Tool an die Hand, das hilft, den Weg fokussiert und zielgerichtet zu gehen.

Susana Garcia Ferreira
LEBE DEINE INTENTION
144 Seiten · ISBN 978-3-96860-005-5

nymphenburger

kosmos.de/nymphenburger

[Auf dieser Seite siehst du das Ergebnis der erfolgreichen Reduktion.]

BILDNACHWEIS

Mit 23 Illustrationen und 7 Fotos von Guido Schlaich.

IMPRESSUM

Umschlaggestaltung von Gramisci Editorial Design / Claudia Geffert unter Verwendung einer Farbzeichnung und 7 Farbfotos von Guido Schlaich.

Unser gesamtes Programm finden Sie unter **nymphenburger-verlag.de**

Gedruckt auf chlorfrei gebleichtem Papier

© 2021, nymphenburger in der
Franckh-Kosmos Verlags-GmbH & Co. KG,
Pfizerstraße 5–7, 70184 Stuttgart
Alle Rechte vorbehalten
ISBN 978-3-96860-007-9
Projektleitung: Dr. Stefan Raps
Redaktion: Melanie Schölzke, Stuttgart
Gestaltung und Satz: DOPPELPUNKT, Stuttgart
Produktion: Angela List
Druck und Bindung: Printer Trento
Printed in Italy / Imprimé en Italie

FSC
www.fsc.org
MIX
Papier aus verantwortungsvollen Quellen
FSC® C015829

GEDANKENREGISTER